DAS CONTRIBUIÇÕES SOCIAIS E SEUS REFLEXOS NAS EMPRESAS DA ZONA FRANCA DE MANAUS

CIP-BRASIL. CATALOGAÇÃO NA PUBLICAÇÃO
SINDICATO NACIONAL DOS EDITORES DE LIVROS, RJ

M495d

Mendonça, Jean Cleuter Simões
Das contribuições sociais e seus reflexos nas empresas da Zona Franca de Manaus / Jean Cleuter Simões Mendonça. - 1. ed. - São Paulo : Noeses, 2024.

152 p. ; 23 cm.
Inclui bibliografia
ISBN 978-85-8310-167-3

1. Direito tributário - Brasil. 2. Portos e zonas francas - Impostos - Manaus (AM) - Aspectos sociais. 3. Incentivos fiscais - Legislação - Brasil. I. Título.

23-87036 CDU: 34(336.248:351.713)(811.3)

Meri Gleice Rodrigues de Souza - Bibliotecária - CRB-7/6439

Jean Cleuter Simões Mendonça

Advogado. Mestre em Direito Tributário pelo IBET. Especialista em Direito Tributário pelo IBET. Pós-graduado em Direito Processual Civil pela Universidade Federal do Amazonas. Conselheiro do CARF – Conselho Administrativo de Recursos Fiscais do Ministério da Fazenda (2008-2015) Graduado em Administração com Especialização em Comércio Exterior pelo Centro de Ensino Superior do Amazonas (1994) e em Direito pelo Centro Universitário Nilton Lins (1999).

DAS CONTRIBUIÇÕES SOCIAIS E SEUS REFLEXOS NAS EMPRESAS DA ZONA FRANCA DE MANAUS

2024

editora e livraria

NOESES

Copyright © Editora Noeses 2024
Fundador e Editor-chefe: Paulo de Barros Carvalho
Gerente de Produção Editorial: Rosangela Santos
Arte e Diagramação: Renato Castro
Revisão: Georgia Evelyn Franco
Designer de Capa: Aliá3 - Marcos Duarte

Data de atualização: 17.11.2023

2024

editora e livraria
NOESES

Editora Noeses Ltda.
Tel/fax: 55 11 3666 6055
www.editoranoeses.com.br

Dedico à família Mendonça: à minha mãe Julieta e ao meu pai Cleuter, que me mostraram o caminho dos estudos. Em especial à minha admirável esposa Fernanda, que junto aos meus adoráveis filhos Jean Victor e Maysa sempre me apoiaram e compreenderam o meu tempo dedicado aos estudos. Por fim, menciono minha motivação e dedicação do trabalho ao meu Estado do Amazonas, cujo motivo e inspiração para escrever sobre o modelo econômico de equilíbrio federativo tributário gera emprego e preserva a Floresta Amazônica.

AGRADECIMENTOS

Primeiramente, minha gratidão a Deus que me deu forças para chegar até aqui e concluir esta jornada com ânimo e dedicação.

Meus sinceros agradecimentos à contribuição intelectual inspiradora do professor doutor Paulo de Barros Carvalho, a fenomenologia do Direito brasileiro e a grande mente à frente do Instituto Brasileiro de Direito Tributário (IBET).

Agradeço à postura acessível a despeito do brilhantismo intelectual do meu orientador professor Doutor Osvaldo Santos de Carvalho.

Minha gratidão ao acompanhamento de toda equipe do IBET, especialmente Priscila de Souza, Neiva Baylon e Amanda Letícia de Oliveira Pereira por todo apoio administrativo e instruções dadas ao curso do mestrado.

Grato também aos professores Doutores Robson Maia Lins e Lucas Galvão de Britto, pelas orientações e desafiadoras questões lançadas na banca de qualificação da dissertação. Menciono também meu agradecimento aos professores Doutores que estiveram presentes nesta caminhada: Rodrigo Dalla Pria, Fabiana Del Padre Tomé, Silvia Zomer, Íris Vânia Santos Rosa, Thiago Barbosa Wanderley, Adriano Messias Luiz Batista Messias e Argos Campos Ribeiro Simões.

Agradeço também a meus colegas que estiveram presentes em todos os momentos desta jornada, em especial Wanessa Felix Favaro, Guilherme Soares Diniz, Rafael Quevedo Rosas de Àvila, Renata Flório de Oliveira Ducci, Kandacy Ferreira Mendonça, Leonardo Amaral e Leonardo Godoi Sai, por todo companheirismo e laços de amizade fortalecidos por meio do IBET ao longo desses anos.

Ao meu irmão Jonny Cleuter Simões Mendonça, pela compressão e suporte no escritório durante minha ausência, principalmente quando necessitei de total dedicação à produção deste trabalho. Agradeço também a Laécio Pereira Mineiro e Jean Victor Veiga Mendonça, que estiveram dispostos a me ouvir e debater alguns tópicos deste trabalho.

Por fim, meus sinceros agradecimentos aos que de alguma forma, direta ou indiretamente, fizeram parte da minha jornada.

PREFÁCIO

A presente obra intitulada "O Crédito presumido das contribuições para o PIS e da COFINS das empresas localizadas na Zona Franca De Manaus" foi defendida com raro brilho e aprovada à unanimidade, com a nota máxima como dissertação de mestrado perante banca examinadora composta por mim, na condição de orientador, e pelos professores Robson Maia Lins e Argos Campos Ribeiro Simões no Instituto Brasileiro de Estudos Tributários – IBET, elaborada com afinco e enorme entusiasmo pelo atual presidente da OAB-AM, Jean Cleuter Simões Mendonça.

O trabalho é digno de reconhecimento e importância por diversas razões, e especialmente por tratar de tema caro a lançar luzes sobre os contornos jurídico-tributários de tais categorias de incentivos dedicados à Zona Franca de Manaus, ou como apaixonadamente seu autor a denomina: "Zona Franca do Brasil".

Com efeito, a Zona Franca de Manaus é reconhecida como essencial para o desenvolvimento socioeconômico da Região Amazônica, contribuindo para a redução das desigualdades regionais e melhoria das condições de vida de todos aqueles diretamente envolvidos com as indústrias e todas demais atividades estabelecidas em torno dela, e parece-nos que é mesmo nessa medida que a Zona Franca de Manaus deve ser compreendida. De resto, e não menos importante, além de tudo que a ZFM representa para a região Norte do país, proporciona formas e meios de preservação do maior e mais importante patrimônio natural brasileiro, a Floresta Amazônica.

A par dos fundamentos constitucionais que justificam a existência da Zona Franca de Manaus, ela não pode, e não deve ser vista "apenas" sob o ponto de vista dos benefícios fiscais e tributários assegurados às empresas nela estabelecidas, posto que sua criação nos anos 1960 almejou nobres valores de natureza econômica e social para o desenvolvimento daquela vasta e importante região de nosso país, podendo se sustentar a afirmação de que a ZFM é a mola propulsora que sustenta o desenvolvimento daquela região.

Como muito bem sustenta o autor em seu robusto trabalho acadêmico, ora adaptado para o formato de livro, a ZFM também atina e é indispensável para o pacto federativo, cláusula pétrea de nosso sistema constitucional brasileiro, pois o princípio federativo pressupõe a existência da repartição de recursos e competências entre a União, os Estados-Membros e os Municípios, que devem dispor de mecanismos para superar as desigualdades e se desenvolverem todos de modo satisfatório, sendo, de certo modo, impensável imaginar o sistema federativo pátrio sem a Zona Franca de Manaus.

E é exatamente por esse motivo que nosso ordenamento jurídico nacional contempla a existência de fundamentos constitucionais específicos sobre a Zona Franca de Manaus, dispostos no Ato das Disposições Constitucionais Transitórias, com o mesmo nível hierárquico da Carta Magna, como já reconhecido pelo Supremo Tribunal Federal em diversas ocasiões, por exemplo, na ADI 829/DF.

Com efeito, como bem aduzido pelo autor, os benefícios fiscais concedidos às empresas estabelecidas na Zona Franca de Manaus têm fundamento no comando inserido no art. 40, combinado com os arts. 92 e 92-A do Ato das Disposições Constitucionais Transitórias (ADCT), cujos incentivos poderão ser estendidos, em tese, até 5 de outubro de 2073.

Pois bem, o autor, a partir dessas premissas, consistentemente sustenta sua argumentação aludindo ao conteúdo da proteção constitucional dos incentivos fiscais concedidos para a Zona Franca de Manaus sob a ótica da teoria do "bloco de constitucionalidade", amparado em vasta doutrina pátria e forânea, aduzindo que "dentro do Sistema Constitucional brasileiro, o Bloco de Constitucionalidade está relacionado ao conteúdo dos direitos fundamentais", posto que "os incentivos fiscais concedidos para as empresas que se relacionam com a Zona Franca, produzindo ou comercializando a partir dela, ou na remessa de bens para a área incentivada, têm por finalidade o aumento do bem-estar social na Região. Espera-se o incremento do capital humano, a redução de desigualdades, o crescimento da renda, além de motivações que se vislumbram com o passar das décadas, como é o caso da preservação florestal".

Outro ponto alto de sua obra e que merece ser aqui destacado, mesmo porque se reveste de premissa importante para o desenvolvimento de sua argumentação, é quando se propõe a prescrutar o tema das espécies de exoneração tributária e a previsão normativa de tributação, tratando uma a uma cada espécie, para ao final se posicionar por uma delas (sem adiantá-la aqui para não se cometer o desatino de ofertar um *spoiler* indevido ao revelar uma das partes mais importantes de sua conclusão), sustentando que "é devido o aproveitamento do crédito presumido na apuração da Contribuição ao PIS/Pasep e da COFINS das empresas localizadas na Zona Franca de Manaus, em relação aos insumos cujas receitas de venda para a área incentivada não foram alcançadas pelas referidas contribuições sociais".

Em suma, sem afastar-se do tema central, o autor apresenta-nos ainda o histórico da Zona Franca de Manaus desde os primórdios de sua criação nos anos 1960, quando o Governo Federal inaugurou uma política pública estruturada para adensar a ocupação na Amazônia, a partir de incentivo às atividades econômicas ali desenvolvidas em favor de seu desenvolvimento regional, que ao longo de todos esses anos culminou na conquista de sua consolidação como uma área de livre comércio, voltada à promoção de procedimentos de importação e exportação de mercadorias, a serem consideradas assim as operações com ela relacionadas nos termos sustentados pelo autor, que contribui fortemente para o desempenho da economia brasileira.

E segue na condução de sua investigação por largo espectro, objetivando estabelecer as premissas necessárias à compreensão de seu tema central, em que analisa mais: a) o subsistema tributário nacional; b) a proteção constitucional da Zona Franca de Manaus e a natureza jurídica dos incentivos fiscais pertinentes e as contribuições sociais e c) a questão dos créditos das contribuições sociais para o PIS e da COFINS na Zona Franca de Manaus.

Vê-se, pois, nada de importante, pela abrangente compreensão do tema central de sua obra, escapou da cuidadosa atenção do autor, disso resultando uma obra bem elaborada e rigorosa na obediência ao método adotado e na teoria geral do direito, e coerente e segura em suas conclusões.

Destaque-se, ademais e por necessário, que a defesa de sua dissertação perante a banca examinadora, que lhe propiciou a obtenção do título de Mestre em Direito Tributário pelo Instituto Brasileiro de Estudos Tributários-IBET, foi desenvolvida com argumentação segura e sofisticada que bem impressionaram aos examinadores, tanto assim que, reitere-se, mereceu a nota máxima, outorgada, naturalmente, por unanimidade.

É certo que a obra denota também uma produção, resultado de uma harmoniosa e equilibrada conjugação entre teoria e prática do direito tributário que caracteriza seu autor. Essa singular combinação bem se projetou no presente trabalho que, com consistência científica, identifica a pertinência e importância da tomada de crédito das contribuições sociais para o PIS e da COFINS nas operações envolvendo a Zona Franca de Manaus, instrumento precioso para auxiliar o manejo dos operadores do Direito Tributário e, em particular, os que lidam com a singular matéria tributária atinente à atividade econômica relacionada ao polo industrial, comercial e agropecuário de Manaus.

E isso somente foi possível, seguramente, porque o mestre Jean Cleuter Simões Mendonça, que ora nos oferece essa excelente obra, a par de sua forte e histórica dedicação à academia – ele é fundador e coordenador da unidade da Pós-Graduação em nível de Especialização do IBET-Manaus, é seu professor, e autor de artigos e capítulos de livros etc.–, foi conselheiro do CARF-Conselho Administrativo de Recursos Fiscais, entre diversas outras atividades na seara tributária, é advogado e sócio-fundador de respeitado e reconhecido escritório que atua na atividade empresarial e tributária, sediado em Manaus e com atuação em diversos estados, e, atualmente, é o presidente da OAB-AM.

O leitor tem agora a oportunidade de debruçar-se sobre uma importante obra que ora se apresenta ao meio jurídico, empresarial e acadêmico, por meio da Editora Noeses, cuja Diretoria e Conselho Editorial merecem os cumprimentos por reconhecer, no trabalho acadêmico do Jean Cleuter, os requisitos que conferem robustas contribuições ao estudo e à prática do direito tributário, e decide por sua publicação. E na mesma medida merece os parabéns a instituição IBET-Instituto Brasileiro de Estudos Tributários, que por certo sente-se honrada em formar mestre dessa categoria.

São Paulo, 07 de setembro de 2023.

Osvaldo Santos de Carvalho

Mestre e Doutor pela PUC-SP
Professor da Especialização e Mestrado do IBET
Advogado e Consultor Tributário.

LISTA DE ABREVIATURAS E SIGLAS

ADCT	– Ato das Disposições Constitucionais Transitórias
ADI	– Ação Direta de Inconstitucionalidade
Bill of Rights	– Declaração de Direitos dos Estados Unidos
COFINS	– Contribuição para o Financiamento da Seguridade Social
Constituição de 1946	– Constituição dos Estados Unidos do Brasil de 1946
CRFB	– Constituição da República Federativa do Brasil de 1988
CTN	– Código Tributário Nacional
EC	– Emenda Constitucional
ICMS	– Imposto sobre Circulação de Mercadorias e sobre Prestações de Serviços de Transporte Interestadual e Intermunicipal e de Comunicação
II	– Imposto de Importação
IPI	– Imposto sobre Produtos Industrializados
LC	– Lei Complementar
LO	– Lei Ordinária
PASEP	– Programa de Formação do Patrimônio do Servidor Público
PIS	– Programa de Integração Social
STF	– Superior Tribunal Federal
STJ	– Superior Tribunal de Justiça
ZFM	– Zona Franca de Manaus

SUMÁRIO

INTRODUÇÃO

Na década de 1960, o Governo Federal empregou esforços para adensar a ocupação na Amazônia, a partir do incentivo a atividades econômicas. As medidas seguintes em favor do desenvolvimento econômico regional culminaram no que pode ser conceituado como Zona Franca de Manaus. A tentativa se tratou da criação de uma área de livre comércio, voltada à promoção de procedimentos de importação e exportação de mercadorias.

Após a realização de diferentes políticas de incentivos para a Região, houve o estabelecimento exitoso do Polo Industrial de Manaus. A chegada de indústrias e a consolidação do segmento econômico possibilitaram o crescimento da capital amazonense na área de livre comércio. E Manaus passa a dispor de condições para superar o isolamento territorial e ter o equilíbrio federativo.

O desenvolvimento econômico impulsionou a melhora do capital humano, com evoluções igualmente significativas em indicadores relacionados ao bem-estar social, a exemplo dos níveis de escolaridade. A existência da Zona Franca de Manaus também é diretamente relacionada à sustentabilidade, diante de sua importância para a preservação da Floresta Amazônica.

Esse modelo contempla a criação de regras diferenciadas, incentivos tributários e financeiros para os negócios que decidam se estabelecer ou se relacionar com a região impulsionada. E, no caso abordado, a Zona Franca de Manaus.

Quando se cria uma zona econômica especial, o Estado abrasileiro assume o compromisso de adotar medidas para conferir e manter maior competitividade às indústrias que se instalam na Zona Franca de Manaus. O olhar mais pragmático, porém, traz à percepção a constatação de que algumas medidas tributárias implementadas, ou pelo menos a interpretação dada a estas, podem reduzir a competitividade daquelas empresas instaladas no Polo Industrial. E essa constatação independe de qualquer juízo de valor sobre a intencionalidade ou não de tais medidas.

Tais circunstâncias ensejam situações em que o reconhecimento dos benefícios fiscais em Área de Livre Comércio, para fins de manutenção da vantagem comparativa, ou pelo menos de equiparação da capacidade de competitividade, demanda a atuação do Poder Judiciário.

Exemplo desse fenômeno, como também será abordado em seção à frente desta obra, é o reconhecimento da imunidade tributária em relação a contribuições sociais que não devem incidir em operações de comercialização de bens produzidos por empresas na Zona Franca de Manaus para pessoas físicas ou jurídicas circunscritas em seu espaço geográfico. A legislação, quando inicialmente aprovada, dispôs sobre o não pagamento das contribuições nas remessas destinadas à Zona Franca de Manaus.

Quando uma empresa, com sede fora de Manaus, vende para outra localizada em tal capital, por exemplo, não há a incidência da Contribuição ao PIS e da COFINS sobre a receita decorrente dessa operação. Porém, a empresa vendedora localizada na Zona Franca não dispunha deste benefício em uma comercialização interna, tornando mais vantajosa a aquisição por meio de operação interestadual. Desta forma, os contribuintes localizados no Polo Industrial de Manaus passaram a questionar essa limitação no Poder Judiciário.

Em sua concepção, como se pode ver do exemplo acima, o modelo prestigiara empresas situadas fora do espaço geográfico definido como pertencente à Zona Franca de Manaus. Empresas locais, por outro, viam-se compelidas ao pagamento do tributo. Com o passar do tempo, as ações, inicialmente propostas por indústrias, também foram ajuizadas por atacadistas e varejistas, inclusive para afastar a incidência de contribuições sociais sobre receitas de vendas para pessoas físicas.

Nestes casos, o Poder Judiciário proferiu decisões para manter as premissas de competitividade e vantagens comparativas do conjunto de regras particulares à Zona Franca de Manaus. Exemplos recentes de intervenção são as decisões que impediram o Poder Executivo, no ano de 2022, de baixar o IPI dos bens que são produzidos no modelo incentivado da região.

A breve contextualização sobre o imbróglio da redução do IPI demonstra a complexidade dos temas tributários pertinentes à Zona Franca de Manaus. Sob a justificativa de contribuir para a redução da inflação, o Governo Federal anunciou corte linear nas alíquotas do tributo. As empresas do Polo Industrial de Manaus não pagam o tributo quando realizam a comercialização para qualquer ponto do território nacional. Essa é uma das vantagens concedidas para compensar, por exemplo, os maiores custos logísticos de produção na Região Norte.

E, em mudanças anteriores no IPI, o que se verificou foi a decisão de empresas de saírem da Zona Franca de Manaus. Não necessariamente para outro território do país, mas também para o exterior. Percebe-se, portanto, uma dupla perda. A empresa, além de sair do Polo Industrial essencial para o desenvolvimento regional, deixa de gerar empregos e renda no Brasil.

Este cenário de judicialização, no entanto, também traz inseguranças. Essas inseguranças se refletem através de dúvidas acerca da continuidade das vantagens comparativas da Zona Franca de Manaus, bem como na crença de sustentabilidade do modelo a longo prazo. É nesse contexto que os estudos sobre a Zona Franca de Manaus se tornam ainda mais importantes.

A presente obra tem por objetivo principal a eficácia ou não das normas jurídicas que vedam, às empresas localizadas na Zona Franca de Manaus destinatárias das mercadorias, o crédito presumido das Contribuições Sociais.

Sob o ponto de vista metodológico, para a realização da obra, propõe-se a análise sob orientação da corrente "construtivismo lógico-semântico".[1] A partir de concessões pela postura analítica à corrente hermenêutica, enunciado o desenvolvimento da pesquisa sob a ótica da Regra-Matriz de Incidência Tributária, tanto na perspectiva da tributação, quanto da perspectiva do crédito presumido das contribuições para o PIS e da COFINS. Outro importante objeto de análise da obra é a compreensão das espécies de exoneração das contribuições sociais e, de modo mais específico, em qual destas se enquadra o conjunto de regras da Zona Franca de Manaus em relação à Contribuição ao PIS e à COFINS.

Retorna-se à Regra-Matriz de Incidência Tributária, instituto que disciplina a relação jurídico-tributária, a partir da qual são extraídas obrigações entre o fisco e os contribuintes. Tal relação é analisada sob a perspectiva da ação do legislador de determinar que um ato, um fato social, constitui uma hipótese de incidência do tributo.

---

1. Sobre essa corrente, ver também Paulo de Barros Carvalho (2009, 3 ed. ver. amp., Prólogo)

A Regra-Matriz de Incidência Tributária é constituída a partir de cinco elementos: os critérios material, temporal, de consequente, além do sujeito passivo e do sujeito ativo da obrigação tributária. A sua utilização como ferramenta metodológica tem o propósito de contribuir para a avaliação acerca da licitude das normas que vedam o cômputo do crédito nas operações supracitadas, destinadas a contribuintes sediados na Zona Franca de Manaus.

Por outro, compreender a natureza jurídica dos incentivos tributários concedidos no âmbito da Zona Franca de Manaus permite situar em que espécie de exoneração tributária estão as operações destinadas ou realizadas no espaço geográfico determinado. Ou seja, a classificação correta em hipótese de não incidência, tributação à alíquota-zero, imunidade ou isenção contribui para a realização do objetivo principal da presente obra.

A elaboração desta pesquisa possibilita a construção de sólido arcabouço informativo, que pode subsidiar decisões na esfera judicial ou do Poder Legislativo. Essas decisões impactam diretamente na capacidade de sustentabilidade do modelo de desenvolvimento socioeconômico, bem como em indicadores essenciais para o bem-estar da população diretamente beneficiada pela existência da Zona Franca de Manaus. Não há, até o momento, vislumbre de modelo alternativo que também materialize os objetivos fundamentais, princípios e determinações da Constituição. A alternativa deveria ser igualmente capaz de respeitar o Pacto Federativo, o desenvolvimento sustentável e o progresso econômico regional.

O cumprimento do objetivo da obra pressupõe a demonstração de sólido fundamento teórico, sob rigor metodológico. As normas que vedam o crédito presumido da Contribuição ao PIS e da COFINS estão inseridas em um conjunto de regras, um subsistema. E entre as normas tributárias deve haver coesão, pois, do contrário, devem ser afastadas do conjunto em que se inserem.

O primeiro capítulo é dedicado à compreensão do Subsistema Tributário Constitucional. Sua apresentação demanda o entendimento do que vem a ser o direito positivo, os sistemas propriamente ditos e as normas. Esses conceitos são importantes para definir o que vem a ser o Sistema Constitucional, em relação ao qual o Subsistema Tributário Constitucional é subordinado na ordem jurídica brasileira e a sua relação com a Zona Franca de Manaus.

O primeiro capítulo também explora os principais princípios constitucionais, bem como os princípios específicos do Subsistema Tributário Constitucional. Outras duas seções complementares ao estudo desse arcabouço teórico compreendem as regras de competência tributária e o regime jurídico dos incentivos fiscais, previstos na Constituição da República Federativa do Brasil de 1988.

O segundo capítulo aborda o conteúdo da proteção constitucional aos incentivos tributários da Zona Franca de Manaus, com o objetivo de obter a compreensão da natureza jurídica dos incentivos fiscais aplicáveis às contribuições sociais em operações que envolvem o espaço geográfico. Assim sendo, o primeiro passo consiste em relacionar a existência do modelo de incentivo com o Pacto Federativo estabelecido na Constituição da República Federativa do Brasil de 1988.

O capítulo continua com a análise do conteúdo da proteção constitucional conferida à Zona Franca de Manaus, sob duas perspectivas: manutenção dos incentivos fiscais e a existência de vantagem comparativa em relação às condições em outros pontos do país. É a partir desse conteúdo constitucional que se defende o reconhecimento da imunidade tributária sobre as receitas de operações destinadas ou realizadas na Zona Franca de Manaus.

O segundo capítulo também é dedicado ao estudo das hipóteses de exoneração tributária. São analisados os principais aspectos materiais e formais da imunidade tributária, isenção tributária, não incidência do tributo e tributação à alíquota zero. Também são exploradas as diferenças existentes entre os institutos que aparentem similaridades em primeira análise, como é o caso da imunidade e da isenção.

As lições de Paulo de Barros Carvalho estabelecem as bases da análise da norma jurídica-tributária. O estudo da Regra-Matriz de Incidência Tributária então é feito a partir de cinco elementos. São eles: os critérios material, espacial, temporal, pessoal e quantitativo. Uma vez elaborada, esta seção permite que, mais à frente, sejam exploradas as regras-matrizes da Contribuição ao PIS e da COFINS, bem como do aproveitamento do crédito para o cômputo de tais contribuições sociais, essas últimas indispensáveis à pesquisa.

Desta forma, o terceiro capítulo é dedicado ao estudo da Regra-Matriz ordinária de Incidência Tributária como ponto de partida para posterior comparação com a Regra-Matriz de Incidência Tributária das contribuições sociais com relação às vendas destinadas à Zona Franca de Manaus no regime não cumulativo. Enquanto instrumento metodológico na elaboração desta pesquisa, busca-se a conceituação dessa expressão da disciplina da relação jurídico-tributária estabelecida entre o Estado e os contribuintes. O ponto inicial da seção consiste no entendimento da função do tributo na sociedade.

O quarto capítulo discorre sobre a técnica da não cumulatividade aplicada em espécie, a partir da qual é elaborada a regra-matriz de incidência tributária das Contribuições Sociais ao PIS/Pasep e COFINS, contextualizando a relevância do crédito presumido das contribuições sociais das vendas destinadas à Zona Franca de Manaus.

O quinto capítulo é dedicado ao estudo da manutenção do crédito presumido da Contribuição ao PIS/Pasep e da COFINS para as operações de vendas destinadas às empresas sediadas na Zona Franca de Manaus. De acordo com a legislação pertinente, destacando o imbróglio jurídico da Lei 2004, que converteu o instituto das vendas para a Zona Franca de Manaus em alíquota zero para evitar o crédito presumido.

Por fim, o estudo conclui que a espécie de exoneração tributária aplicável à Zona Franca de Manaus é a imunidade, analisa-se os reflexos para a aplicação da Regra-Matriz de Incidência Tributária da Contribuição ao PIS/Pasep e da COFINS e a necessidade do crédito presumido das Contribuições Sociais, em razão da constitucionalização da existência de vantagens comparativas sob o pacto federativo, exclusivo ao modelo da Zona Franca de Manaus.

CAPÍTULO 1

O SUBSISTEMA TRIBUTÁRIO NACIONAL

Designar o "Subsistema Tributário Nacional" perpassa pelo reconhecimento de que o Direito em tudo interligado é, em si, um sistema. A partir de seu caráter correlativo, os métodos de modelização de fenômenos complexos podem, perfeitamente, ser aplicados a si próprio (BERGEL, 2006, p.15). Desta constatação relacionada à autopoiética, confluem juristas de diversas correntes da filosofia do direito. Para que se evitem imprecisões, passa-se ao empreendimento de compreender o exato alcance do subsistema tributário nacional

Trata-se de necessária exposição para definir a localização da Zona Franca de Manaus dentro dos contextos constitucional, infraconstitucional, do pacto federativo e os reflexos na validade[2] das normas que destoem do objetivo de desenvolvimento da região a partir da vigência da Constituição cidadã, que lhe confere aos benefícios da Região *status* constitucional sob a ótica do sistema jurídico brasileiro.

---

2. Adota-se mesma conceituação de CARVALHO (2021, 31 ed. rev. atual., p.86), cuja afirmação de validade de uma norma "N" se expressa na sua existência e, portanto, pertencimento ao sistema "S". Ou seja, validade é o vínculo que se estabelece entre a proposição normativa e o sistema do direito posto.

1.1 O DIREITO POSITIVO, OS SISTEMAS E AS NORMAS

A expressão "sistema jurídico" pode ser ambígua, caso não seja proposta a distinção entre a Ciência do Direito e o Direito Positivo. Entende-se o primeiro como parte do discurso que consagra interpretação e a sistematização das normas. Disto não se afasta a noção extraída de Paulo de Barros Carvalho (2009, p.61) cuja descrição das normas jurídicas competir à Ciência do Direito, assim como que o segundo é objeto do primeiro.

Eliminar ambiguidades é papel do cientista, ao qual interessa a importância da distinção entre Ciência do Direito e Direito Positivo, conjuntos equivocadamente tratados como sinônimos. Carvalho (2021, p.141) descreve sistema como "(...) o objeto formado de porções que se vinculam debaixo de um princípio unitário ou como a composição de partes orientadas por um vetor comum". A partir desta compreensão, se depreende a ideia de unidades, porções com funcionamento específico uma em relação com a outra sem por isso deixar de tangenciar aspectos compartilhados em comum.

Dessa concepção, deriva a possibilidade de classificar diferentes conjuntos como sistemas. Carvalho (2021, p.142) dividi-os em proposicionais e empíricos (ou reais). Estes últimos estão relacionados ao que se observa, à constatação dos objetos do mundo, os acontecimentos. Já os sistemas proposicionais se valem da linguagem para existir, diante da formulação de conjuntos de proposições.

Neves (1988, p. 4) propõe a classificação dos sistemas proposicionais entre nomológicos ou nomoempíricos. Os primeiros são formados por entidades ideais, que encontram os seus componentes situados em campos como os da Lógica e o da Matemática. Aqueles formulados a partir de proposições prescritivas e descritivas compõem o subgrupo dos sistemas nomoempíricos.

Carvalho (2021, p. 99) defende que o direito positivo, enquanto extrato da linguagem existente, deve ser classificado como sistema. O significado deste vocábulo, porém, não é uníssono entre autores jurídicos. A existência de um texto, de uma norma, pressupõe a capacidade de organizá-lo e analisá-lo na perspectiva de um nível superior, de uma organização racional de elementos do conjunto que dão sentido ao conteúdo exprimido na norma.

Carvalho (2021, p. 145) defende que a existência do texto pressupõe a possibilidade de o interpretar, de reorganizar. E a partir daí podem ser extraídos textos de nível linguístico superior. Desta maneira não é crível, segundo defende o autor, a negação de que o Direito tenha a prerrogativa de ser compreendido enquanto sistema.

Produtos do homem com o objetivo de disciplinar a convivência humana, as normas jurídicas se relacionam a partir de princípios unificadores e criam um sistema. E a particularidade dos sistemas jurídicos é a hierarquização das normas, que constroem unidades normativas material e formalmente vinculadas, que condicionam as criações e transformações da linguagem (CARVALHO, 2021).

Neves (1994), ao seguir o pensamento formulado por Luhmann, localiza a positivação do Direito na sociedade moderna a partir do que denomina "código-diferença", idealizado na diferenciação entre o lícito e o ilícito. É esse código-diferença que confere autonomia ao Direito. Neste caso, os fatores externos não determinam o funcionamento desse sistema, mas sim são assimilados e, eventualmente, incorporados.

Teubner (1993) dá ênfase à força da autonomia do sistema jurídico. Há uma realidade jurídica que se insere na sociedade, que reflete a "comunicação jurídica". A partir de imagens construídas sobre universos distintos, a exemplo da economia ou da política, o Direito cria normas, regras, que interferem em dinâmicas de outras áreas a partir do que foi projetado delas, do cenário que foi criado do outro sistema.

Esse Sistema comporta dois tipos de regras: as de comportamento e as de estrutura. As primeiras são elaboradas e aplicadas com o objetivo de alterar as condutas individuais e coletivas na sociedade. As segundas cumprem a função de disciplinar aspectos procedimentais, relacionados à produção e revogação de novas normas, independentemente de suas finalidades.

Carvalho (2021, p. 156-157) propõe a compreensão das normas de estrutura a partir da comparação com regras gramaticais. Estas últimas prescrevem os modos de combinação de vocábulos e expressões que formam orações em um idioma. De modo semelhante, as regras de estrutura trazem o rigor e os procedimentos necessários para a elaboração de normas jurídicas válidas dentro de um ordenamento.

A exploração de tais conceitos permite a criação de olhar sistêmico sobre a ordem jurídica constituída no Brasil, formatada a partir de normas de comportamento e normas de conduta, todas estas objetivadas a criar um sistema que permita a alteração de condutas no tecido social. Dentro desta ordem está o Sistema Constitucional Brasileiro, instituído por meio da Constituição da República Federativa do Brasil de 1988.

A posição hierarquicamente privilegiada desse sistema cria a obrigação de que os subsistemas da ordem jurídica brasileira adequem seus fins aos da Constituição. Carvalho (2021, p. 158) sintetiza que "o texto da Constituição é o espaço, por excelência, das linhas gerais que informam a organização do Estado". Bastos (1980) menciona que a Constituição traceja, de modo que as legislações complementares levam ao resultado.

Neste sentido, as normas contidas na Constituição devem ser respeitadas por todas as demais incluídas nos subsistemas, sob pena de terem validade por existirem e terem sido postas no mundo jurídico por órgão legitimado a produzi-la, mas não deterem eficácia.[3] No contexto da Zona Franca de Manaus, portanto, em relação a todas as normas que afrontarem o sistema constitucional brasileiro apesar de válidas, vigentes, não irá ocorrer o fenômeno da juridicização dos efeitos, prescritos no consequente da norma, que lhe são peculiares.

As normas jurídicas, neste caso, expressam um valor, pois são editadas para atingir determinado fim. Entre os principais elementos informativos dessas normas estão os princípios, que fixam critérios objetivos e auxiliam na interpretação do conteúdo da linguagem jurídica. É possível, em verdade, extrair pelo menos quatro significados desse vocábulo (CARVALHO, 2021).

Princípios traduzem normas jurídicas de posição privilegiada, que portam expressivo valor. A segunda acepção é a de norma jurídica que impõe limites objetivos à atividade legislativa, em prestígio ao texto hierarquicamente superior, a Constituição. Há autores que também classificam os princípios como normas privilegiadas, porém apartadas das estruturas normativas. O último significado consiste nos princípios enquanto limites objetivos, porém não inseridos na hierarquia das normas. Em síntese, princípios são encarados ora como valor, ora como critério objetivo (CARVALHO, 2021).

Carvalho (2021, p. 165) define que os princípios "aparecem como linhas diretivas que iluminam a compreensão de setores normativos, imprimindo-lhes caráter de unidade relativa e servindo de fator de agregação num dado feixe de

3. O professor Paulo de Barros Carvalho (2021, p.) esclarece ser ausente a eficácia técnica de uma norma – a dita por ele próprio ineficácia técnico sintática – quando seus efeitos não forem desencadeados por mediante impossibilidade de juridicizar o evento.

normas". À vista disso, antes de se adentrar no Subsistema Tributário Nacional, é importante o estudo dos princípios que permeiam o Sistema Constitucional, ao qual todos os outros estão subordinados na ordem jurídica brasileira.

1.2 OS PRINCÍPIOS CONSTITUCIONAIS

O primeiro importante princípio constitucional a ser destacado é o da justiça. Trata-se de diretriz suprema, de pilar da sociedade. Daí a classificação de muitos autores como "sobreprincípio", a partir do qual outros são implementados com o objetivo de alcançar a justiça. Entre estes derivados está a certeza do direito. Vilanova (2005) menciona o exemplo da sentença de um magistrado.

O dispositivo não consigna que a parte vencida em uma ação de indenização "provavelmente" deverá indenizar. A certeza do direito exprime um imperativo, a ser observado inclusive quando se consideram prestações e modos alternativos de satisfação da obrigação. Justamente porque não se pode escapar ao escopo do decidido, do determinado. E esta é a certeza jurídica.

Inconfundível com a certeza do direito, há o princípio da segurança jurídica. Este se posiciona no "sentido de propagar no seio da comunidade social o sentimento de previsibilidade quanto aos efeitos jurídicos da regulação da conduta (CARVALHO, 2021, p. 168). Além da previsibilidade, há a garantia do passado, dado que se espera que os fatos consumados tenham os efeitos jurídicos preservados, transmitindo confiança à sociedade.

A segurança que os indivíduos têm na instituição e uns para com os outros deriva desta ambivalência entre o passado e o futuro. Ao passado, em regra, é conferida a irretroatividade, que também expressa um princípio do Sistema

Constitucional. A segurança jurídica também pressupõe a observância ao princípio da igualdade.

Mello (1978) é um dos autores que põe sob o escrutínio o significado desse princípio, diante da dificuldade de se conceituar em que consiste oferecer um tratamento igualitário. O art. 5º, que em seu *caput* trata do direito à igualdade, sem discriminação de qualquer natureza, também consagra o princípio da legalidade (BRASIL, 1988). Este se traduz na máxima de que ninguém é obrigado a fazer ou deixar de fazer algo sem expressa disposição legal. Carvalho (2021, p. 169) menciona o seguinte:

Também explícito em nosso sistema – art. 5º, II – essa máxima assume o papel de absoluta preponderância. Ninguém será *obrigado a fazer ou deixar de fazer alguma coisa senão em virtude da lei*. Efunde sua influência por todas as províncias do direito positivo brasileiro, não sendo possível de pensar no surgimento de direitos subjetivos e de deveres correlatos sem que a lei os estipule. Como o objetivo primordial do direito é norma a conduta, e ele o faz criando direitos e deveres correlativos, a relevância desse cânone transcende qualquer argumentação que pretenda enaltecê-lo. A diretriz da legalidade está naquela segunda acepção, isto é, a de norma jurídica de posição privilegiada que estipula limites objetivos.

O Sistema Constitucional Brasileiro também consagra a irretroatividade da lei. O art. 5º, XXXVI, da Carta Magna confere especial proteção à coisa julgada e ao ato jurídico perfeito, de modo que leis não podem criar efeitos retroativos em prejuízo ao direito adquirido (BRASIL, 1988). O desrespeito a este princípio é também uma ofensa à certeza do direito e à segurança jurídica.

Ao exercício de jurisdição é assegurada a universalidade. Ademais o Poder Judiciário deve apreciar ameaça ou lesão a direito, análise essa que não pode ser afastada por ato do legislador derivado. Além da inafastabilidade de sua jurisdição, o Poder Judiciário também detém o peso de decisões definitivas (CARVALHO, 2021).

Entre os mais importantes princípios constitucionais também estão a consagração da ampla defesa e o devido processo legal (art. 5º, LV, da CRFB). Dirimir conflitos por meios legais implica a observação de um sistema de regras, organizado para garantir a preservação de direitos e garantias fundamentais. A esse conjunto se denomina "devido processo legal" (CARVALHO, 2021).

Sob essa perspectiva, não se concebe como adequado, lícito ou oportuno que um indivíduo seja condenado a uma pena, reparação ou condenação de qualquer natureza sem ter tido a oportunidade de participar dos momentos processuais, postulando e exercendo seus direitos. Dinamarco (2001) preceitua que não se trata apenas de um instrumento técnico, mas sim de um imperativo ético no Sistema Constitucional Brasileiro.

Essa construção ética é fruto da influência de fatores históricos, políticos e sociológicos. E esses fatores exercem influência sobre os fenômenos jurídicos. Desta forma a Constituição, resultante do equilíbrio das forças políticas existentes em uma sociedade, reflete a influência dos fatores anteriormente citados. Watabane (1996, p. 20) comenta que não se trata apenas de uma garantia formal.

O princípio da inafastabilidade do controle jurisdicional não é limitado apenas ao acesso aos órgãos do Poder Judiciário. A existência deste pressupõe a garantia de que haverá tempestiva e efetiva proteção jurídica contra ato de denegação das normas. E a estrutura judiciária deve ser organizada em harmonia com tal finalidade, com a remoção de óbices de acesso à justiça.

Além do devido processo legal, ao indivíduo é assegurado o direito fundamental ao exercício da ampla defesa. E este é um dos princípios da Constituição da República Federativa do Brasil de 1988, que o consagra sob a influência da Declaração Universal dos Direitos Humanos. É o que está prescrito no art. 5º, LV, pois "aos litigantes, em processo judicial ou administrativo, e aos acusados em geral são assegurados o contraditório e ampla defesa, com os meios e recursos a ela inerentes" (BRASIL, 1988).

A ampla defesa permite a utilização de todos os meios lícitos e admitidos em direito para provar o que se alega, participando integralmente das fases processuais (devido processo legal). Tão importante é esse princípio que em um processo penal, por exemplo, o acusado pode se considerar desobrigado de prestar qualquer informação ou contribuir com a fase investigatória.

Outro princípio constitucional que se configura como valor e limite para o Subsistema Tributário Nacional é o princípio da isonomia das pessoas constitucionais. Sob a organização de Federação, a União e os Estados mantêm autonomia recíproca sob a égide da Constituição da República Federativa do Brasil de 1988. E a Carta Magna é quem estabelece as competências, os campos de atuação e os limites de cada ente federativo (CARVALHO, 2021).

É enorme a repercussão desse princípio no plano da atividade tributária. Além da União e dos Estados, o Sistema Constitucional Brasileiro também consagrou a personalidade e a autonomia dos Municípios. Enquanto pessoas jurídicas de direito constitucional, não é possível classificar um ente meramente como "menor" ou "subordinado" ao outro. Cada um deles goza de autonomia e possui responsabilidades fundamentais para a disciplina do convívio social.

Carvalho (2021, p. 172) comenta que a intenção do constituinte foi tornar inaplicável a concepção de que os municípios, por exemplo, são entes de menor importância, uma espécie de comuna, em relação aos Estados-Membros e à

União. A Carta Magna reitera o exercício da autonomia, com representação política própria, além de competências, muitas das quais exclusivas, previamente determinadas. Assim, sob o ponto de vista jurídico, sequer há uma sobreposição entre a União, os Estados-Membros e os Municípios.

A Constituição da República Federativa do Brasil de 1988 consagrou o direito de propriedade como fundamental aos indivíduos. O seu escopo está contido no art. 5º, XXII e XXIV, que disciplinam a possibilidade de restrição a esse direito apenas em caso de desapropriação necessária ou interesse social, sem perder de vista a necessidade de compensação financeira justa e prévia ao desapropriado (CARVALHO, 2021).

Outo princípio assegurado pela Carta Magna é a liberdade de trabalho, que se traduz na possibilidade de exercer qualquer atividade lícita. Basta para tanto que o ofício ou a profissão tenham atendidos as qualificações profissionais que porventura sejam exigidas. No Subsistema Tributário Nacional, esse princípio se expressa como limite ao poder de tributar, pois as leis sobre tributo não podem impedir o livre exercício do trabalho (CARVALHO, 2021).

O último princípio constitucional a ser destacado é o da supremacia do interesse público. Essa supremacia em relação aos interesses particulares também se traduz em indisponibilidade do interesse público. Cretella Júnior (1962, p. 263) sintetiza que o interesse público é o fim máximo a que devem atender os agentes administrativos".

Moretti (2012) analisa a indisponibilidade do interesse público a partir de quatro vertentes. São elas: (i) indisponibilidade da finalidade legal; (ii) indisponibilidade do dever de agir; (iii) indisponibilidade de bens e serviços públicos; (iv) indisponibilidade das competências administrativas. A indisponibilidade legal se traduz na concepção de que o administrador não assume personalidade nos atos administrativos, mas sim se vincula à finalidade impessoal a que deve servir enquanto materializador do interesse público.

Faria (2019, p. 70) comenta que a Administração Pública tem toda sua atividade vinculada ao cumprimento dos objetivos que a ela são impostos pelas normas. Deste modo deve haver estrita relação entre a sua atuação e os ditames da Constituição, transportados para leis infraconstitucionais, normas e regulamentos voltados ao cumprimento do interesse público.

Deve ser destacada a importante relação existente entre a indisponibilidade do interesse público e o princípio da legalidade. Sob a perspectiva do Direito Tributário, esse princípio consagra a premência absoluta da lei em matérias que tratem da remissão de débitos, transações, efetuação de compensações e as disposições que venham a tratar da titularidade ou dos bens do Erário (CARVALHO, 2021).

Sob a ótica da Teoria dos Sistemas, conclui-se que os princípios do Sistema Constitucional são valores e limites para os princípios e normas do Subsistema Tributário Nacional. O Subsistema adota valores e limites próprios, que estejam alinhados com as finalidades da Constituição da República Federativa do Brasil de 1988, expressão maior do Direito Positivo Brasileiro.

1.3 OS PRINCÍPIOS DO SUBSISTEMA TRIBUTÁRIO CONSTITUCIONAL

Importante destacar desde já que o Subsistema Tributário Constitucional tem seus princípios no âmbito da Constituição da República Federativa do Brasil de 1988. Daí a denominação de "princípios constitucionais tributários", que orientam a atividade legislativa infraconstitucional em toda a latitude. Essa regência por meio dos princípios é característica da relação jurídica, que não é simples relação de exercício de poder (MACHADO, 2001).

Enquanto valores e limites, os princípios expressam a proteção que o cidadão tem contra os abusos do Estado. Assim sendo, assumem especial relevância para o Subsistema Tributário, à medida em que a atividade do Estado, por meio deste conjunto de normas, pode implicar limitações substanciais aos indivíduos, caso não sejam respeitadas as diretrizes estabelecidas pela Sistema Constitucional (MACHADO, 2001).

Ao intérprete da norma compete o dever de observar tais princípios. E o primeiro deles é o da legalidade. Para o Subsistema Tributário Constitucional, este princípio está consagrado no art. 150, I, da CRFB/88. É garantido ao contribuinte que à União, aos Estados e aos Municípios é vedado instituir ou aumentar tributo sem lei que estabeleça tal diretriz.

Machado (2001, p. 35) propõe a importante reflexão de que as leis são os reflexos das vontades sociais. E a dependência de que determinado tributo seja instituído em lei traduz a necessidade de que o povo, por meio dos seus representantes eleitos, com ele o consinta. E, sob um segundo aspecto, há ainda a importância da legalidade para trazer segurança às relações entre o Fisco e os contribuintes.

As pessoas políticas – União, Estados e Municípios – devem respeitar este preceito constitucional, de modo que só podem descrever regra-matriz de incidência tributária, ou aumentar as existentes por meio da majoração da base de cálculo ou da alíquota, mediante a edição de lei com essa finalidade específica. E há outra consequência do princípio da legalidade. Carvalho (2021, p. 175) pontua que há "necessidade de que a lei adventícia traga no seu bojo os elementos descritores do fato jurídico e os dados prescritores da relação obrigacional".

A lei deve conter todos os elementos necessários para constituir a regra-matriz de incidência tributária. Desta forma, a validade da norma que instituiu ou majorou tributo pressupõe a identificação de valor, quem deve pagar, quando e em favor de quem deve ser pago. Machado (2001) descreve então quatro elementos indispensáveis para a legislação introduzida.

O primeiro consiste na descrição do fato tributável. E o segundo elemento deve materializar a base de cálculo e a alíquota que será aplicável sobre essa base de cálculo, para que sejam assim identificados os dois elementos indispensáveis para a constituição da relação tributária: "a identificação do sujeito passivo da obrigação tributária e o sujeito ativo da relação tributária, se for diverso da pessoa jurídica da qual a lei seja expressão de vontade" (MACHADO, 2001, p. 37).

Outro importante princípio é o da anterioridade. De acordo com o art. 150, III, "b", da Carta Magna é vedada a cobrança do tributo "no mesmo exercício financeiro em que haja sido publicada a lei que os instituiu ou aumentou" (BRASIL, 1988). Consequentemente, a edição da norma tributária deve ser anterior ao exercício financeiro em que o Estado pretende obter essa arrecadação.

O princípio da anterioridade tributária, compreendido no âmbito do Subsistema, dialoga com valores fundamentais do Sistema Constitucional. Prestigia-se o planejamento anual dos contribuintes e das atividades econômicas, de modo que sejam afastados todos os inconvenientes da insegurança jurídica. Machado (2001, p. 38) também se dedica a diferenciar tal princípio da irretroatividade:

> O princípio da anterioridade da lei tributária não se confunde com o princípio da irretroatividade da lei, que é princípio geral do Direito e vigora, portanto, também no Direito Tributário, em cujo âmbito merece expressa acolhida. Irretroatividade, princípio geral que se pode considerar da própria essência do Direito, tamanha a sua importância para preservação da segurança jurídica, quer dizer que a lei deve ser anterior ao fato que lhe qualifica juridicamente. Em Direito Tributário, quer dizer que a lei deve ser anterior ao fato gerador do tributo por ela criado ou majorado (CF, art. 150, III, alínea "a"). Anterioridade, princípio

constitucional tributário, é a irretroatividade qualificada. Exige lei anterior ao início do exercício financeiro no qual o tributo é cobrado (CF, art. 150, III, alínea "b").

A própria Constituição da República Federativa do Brasil de 1988 excetua tributos e circunstâncias que autorizam a cobrança ou majoração sem a observância do princípio da anterioridade. Esse é o caso para o Imposto de Importação, Imposto de Exportação, Imposto sobre Produtos Industrializados e para o Imposto sobre Operações Financeiras (IOF). Empréstimos compulsórios decorrentes de calamidade pública também são exceção à regra (CARVALHO, 2021).

Por meio da EC 42, de 19 de dezembro de 2003, outro importante princípio foi instituído. Trata-se da anterioridade nonagesimal. Ou noventena. Prescreveu-se vedação à União, aos Estados e aos Municípios de exigirem os tributos antes de noventa dias da data em que tenha sido publicada a legislação que instituiu ou majorou o tributo, respeitada também a anterioridade anual (CARVALHO, 2021).

O Subsistema Tributário Constitucional, por meio do art. 150, III, *a*, da Constituição da República Federativa do Brasil de 1988 consagra a irretroatividade da lei tributária. É redundante em relação à norma geral de igual teor do Sistema Constitucional, de modo que reproduz o mesmo conteúdo axiológico de disposição que irradia por todo o direito positivo (CARVALHO, 2021).

O cuidado adotado pelo legislador ordinário, que teve preferência pela redundância, é derivado da experiência brasileira. Sob a modalidade de empréstimos compulsórios, a União possuíra a prática de alcançar fatos passados, direitos adquiridos, fazendo retroagir a lei tributária sobre atos jurídicos perfeitos. Consequentemente, essa se tornou uma prioridade para a Assembleia Nacional Constituinte (CARVALHO, 2021).

Machado (2001) destaca o princípio da igualdade tributária no Subsistema Tributário Constitucional. Este é consequência da regra geral de isonomia jurídica, segundo a qual todos devem ser tratados igualmente diante das leis (art. 150, II, da CRFB). Há a importante garantia de que os contribuintes postos em condições idênticas receberão tratamento uniforme pela administração tributária. Daí a regra da uniformidade dos tributos em todo o território nacional.

Machado (2001, p. 39) propõe a relação entre o princípio da igualdade e a consagração da capacidade contributiva. Para o autor, aquele que tem maior capacidade deve arcar com uma tributação maior, pois assim será igualmente tributado em relação àquele indivíduo com menor capacidade, menor expressão de riqueza. É por esse motivo que a igualdade tributária deve ser encarada enquanto sinônimo de proporcionalidade, e aqueles em condições similares, em regra, não devem ser tributados de formas distintas.

O princípio da igualdade enquanto aspecto formalista está restrito à atividade do aplicador da lei. Quando realizados determinados fatos contidos no caráter hipotético da norma, a consequência deve ser uniforme para os contribuintes que os realizaram, sem fazer distinções. As dificuldades surgem a partir da introdução do critério da isonomia na tributação (MACHADO, 2001).

O impacto da carga tributária e a proporção com que arca cada contribuinte são auferidas com a adoção do critério da capacidade contributiva do sujeito passivo. Diante da importância para o Subsistema Tributário Nacional, também é revestida da condição de princípio. O desafio consiste justamente em mensurar de modo adequado a possibilidade econômica de cada contribuinte para o Erário (CARVALHO, 2021).

Para o enfrentamento do tema, a Assembleia Nacional Constituinte dispôs de norma expressa na Constituição de

1946. A Constituição da República Federativa do Brasil de 1988, por meio do artigo 145, dessarte dispôs que os tributos serão graduados de acordo com o princípio da capacidade contributiva. A inobservância dessa determinação está sujeita ao controle do Poder Judiciário, por meio de ação dirigida ao Supremo Tribunal Federal ou pelos meios ordinários de apreciação de questões tributárias (MACHADO, 2001).

A Carta Magna estabeleceu ser vedado à União, aos Estados, ao Distrito Federal e aos Municípios utilizar os tributos como meios para a realização de confisco. Embora seja desafiador caracterizar esse fenômeno, a utilização do tributo com efeito de confisco, ao Poder Judiciário compete analisar casos concretos em que os efeitos da tributação são confiscatórios. Trata-se de instrumento à disposição dos contribuintes e do Estado para coibir a voracidade estatal do Governo (MACHADO, 2001).

O Subsistema Tributário Constitucional também dispôs sobre o princípio da tipologia tributária. A integração lógico-semântica de dois fatores, a hipótese de incidência e a base de cálculo, possibilita ao legislador a diferenciação das espécies tributárias. Essas distinções permitem identificar se o tributo é imposto, taxa ou contribuição de melhoria, bem como a qual tipo de imposto ou de taxa se refere (CARVALHO, 2021).

A Constituição da República Federativa do Brasil de 1988 também consagra o princípio da não cumulatividade, que neste caso se comporta como limite objetivo por meio de técnica tributária. Assegura-se que que o valor do tributo devido na operação anterior será computado para o cálculo da tributação incidente sobre a operação própria. Carvalho (2021, p. 186) comenta o seguinte sobre o tema:

> O princípio da não cumulatividade é do tipo limite objetivo: impõe técnica segundo a qual o valor de tributo devido em cada operação será compensado com a quantia incidente sobre as

> anteriores, mas preordena-se à concretização de valores como o da justiça da tributação, respeito à capacidade contributiva e uniformidade na distribuição da carga tributária sobre as etapas de circulação e de industrialização de produtos. Adotado, na redação original da Constituição de 1988, apenas para o ICMS e o IPI, os impostos de competência residual e as contribuições sobre novas fontes de custeio da seguridade social, depois das alterações promovidas pela Emenda nº 42/2003, o princípio poderá ser aplicado para determinado setores da economia em relação às contribuições para a seguridade social incidentes sobre a receita ou faturamento (art. 195, § 12). Como fundamento nessa disposição constitucional, as Leis nº 10.637/02 e 10.833/03 instituíram a não cumulatividade para o PIS e a Cofins, respectivamente.

Os princípios supracitados são os principais, que informam os valores e os limites do Subsistema Tributário Constitucional. As normas que expressam tais princípios refletem as escolhas do legislador para interferir (ou não) no comportamento da sociedade por meio da inserção da norma jurídica.

A interpretação dos princípios do Subsistema Tributário Constitucional é, como o próprio nome o sugere, indissociável das normas fundamentais do Sistema Constitucional. As normas constitucionais permeiam todas as searas do ordenamento pátrio, que se subordinam ao teor da Carta Magna.

1.4 A COMPETÊNCIA TRIBUTÁRIA

A competência tributária é mais bem compreendida a partir de um conceito maior, de competência legislativa. Essa reflete a aptidão detida por pessoas políticas para expedir regras jurídicas, em um processo de transformação do ordenamento positivo. A partir de um rito predeterminado, com uma série de atos que constituem o procedimento legislativo, as pessoas políticas alteram o conteúdo normativo que é o próprio processo de enunciação. (CARVALHO, 2021)

O constituinte originário elencou as matérias suscetíveis de serem alteradas por meio do exercício de faculdade legislativa das pessoas políticas. E entre essas normas estão aquelas que disciplinam a matéria tributária, desde as que contemplam o fenômeno da incidência até aquelas de caráter instrumental, que permitem o cumprimento das obrigações tributárias por parte do sujeito passivo (CARVALHO, 2021).

Carrazza (1999) elaborou pesquisa para compreender quais são as características inerentes ao exercício da competência tributária. E seis elementos são destacados. O primeiro deles é a impossibilidade de se delegar o exercício da competência. Além de não estar sujeita a caducar, esse exercício também é irrenunciável, privativo e inalterável. Por fim, há a facultatividade do exercício de exercer essa competência por meio da alteração das normas.

Carvalho (2021, p. 241-242) menciona três critérios que são essenciais para a compreensão da competência tributária: a irrenunciabilidade, incaducabilidade e a indelegabilidade. A rigidez da Constituição da República Federativa do Brasil de 1988, para o autor, impede que a atividade legislativa promova a delegação da competência tributária, bem como estabelece a impossibilidade de renunciá-la. E esse é o entendimento lógico quando são analisadas as competências estritamente estabelecidas e delimitadas pela Carta Magna.

Estabelecer competências tributárias também prestigia princípios fundamentais do Sistema Constitucional, que se funda sob a repartição de poderes e do protagonismo entre os entes federativos, União, Estados, Distrito Federal e Municípios. A segurança jurídica igualmente estará preservada, pois dois entes não irão legislar de modo conflitante sobre a mesma matéria tributária (CARVALHO, 2021).

Os princípios jurídicos até o presente momento apresentados disciplinam as normas de repartição de encargos entre a sociedade para o financiamento das atividades do Estado, por meio da instituição da tributação. É a partir desses recursos que o Governo pode prover bem-estar à sociedade.

1.5 O REGIME JURÍDICOS DOS INCENTIVOS FISCAIS

O Estado arrecada para então exercer as suas atividades, objetivando os fins sociais elencados na Constituição da República Federativa do Brasil de 1988, a exemplo do combate à pobreza e à desigualdade regional. Há, porém, mecanismos distintos para a execução desse fim. E um deles é materializado por meio da concessão de incentivos fiscais.

Os incentivos fiscais podem ser classificados como espécie do gênero "subsídios". O incentivo pode ser classificado como espécie de desoneração, mediante a ineficácia de regra geral de tributação por parte da pessoa política – União, Estados, Distrito Federal ou Municípios. Bonfim (2015) disserta que esse fenômeno é o reflexo da escolha do Estado de renunciar determinada receita, na expectativa de que os objetivos sociais sejam alcançados sem o financiamento (parcial) da atividade estatal para o cumprimento dessa finalidade.

Esse conceito de "gasto tributário" é uma construção da década de 1970, na Alemanha e nos Estados Unidos da América. Os países passaram a quantificar e incluir em seus relatórios orçamentários os gastos tributários, com o objetivo de quantificar as renúncias de receitas (MACHADO *et al*, 2018).

Esses gastos tributários são os recursos que deixaram de ser arrecadados por conta de incentivos tributários que reduzem a carga incidente sobre determinados agentes, indivíduos ou empresas. Denominar como "custo" demonstra que há uma preferência pela manutenção de recursos em agentes particulares ao dispêndio com gastos públicos e sociais explícitos.

Machado e coautores (2018, p. 24) comentam alguns dos motivos, sob a ótica das políticas econômica e social, que viabilizam a permanência ou ainda a introdução dos gastos tributários. Alguns destes motivos estão relacionados a critérios de eficiência, possibilidade de aumento do bem-estar social, realização do desenvolvimento regional ou crescimento de determinado setor da economia.

Catão (2004) identifica alguns dos segmentos a que são destinados os incentivos fiscais. É o caso do desenvolvimento socioeconômico, prescrito no art. 180 da Constituição da República Federativa do Brasil de 1988, assim como o aprimoramento da educação com a colaboração da sociedade, de acordo com o art. 205 e seguintes (BRASIL, 1988).

Não há, na Carta Magna, porém, diretrizes específicas ou suficientemente claras sobre os procedimentos e os critérios para a concessão de incentivos fiscais. Posto isso, são duas as perspectivas que devem ser adotadas, de acordo com a lição de Catão (2004). A primeira delas consiste na necessidade de existência de um "fundamento". Ou seja, a concessão do incentivo tributário deve estar alinhada com um mandamento constitucional, com uma finalidade do Estado.

O sistema constitucional brasileiro não permite quaisquer condutas do Estado, principalmente no processo de enunciação, que afronte às determinações contidas na Constituição da República Federativa do Brasil. Assim, seja qual for o regramento de incentivo fiscal, este deve obrigatoriamente obedecer à hierarquia das normas dentro da qual se encontra a Zona Franca de Manaus.

O segundo critério deve estar relacionado à efetividade (ou elasticidade) do incentivo fiscal, que consiste na sua capacidade de produzir os resultados esperados dentro do prazo fixado. A chancela do gasto tributário está relacionada à sua capacidade de atender à finalidade inicialmente elencada pelo legislador, como pressuposto de sua manutenção (CATÃO, 2004).

Tais critérios serão explorados de forma mais detalhada no Capítulo 4, no contexto de inserção da Zona Franca de Manaus no Subsistema Tributário Nacional, sob a ótica dos objetivos fundamentais da Constituição da República Federativa do Brasil de 1988. Passo seguinte é o estudo da Regra-Matriz de Incidência Tributária, indispensável para compreender a natureza jurídica dos incentivos tributários que são concedidos no âmbito da Zona Franca de Manaus em relação à Contribuição ao PIS e à COFINS.

CAPÍTULO 2

A PROTEÇÃO CONSTITUCIONAL DA ZONA FRANCA DE MANAUS E A NATUREZA JURÍDICA DOS INCENTIVOS FISCAIS PERTINENTES ÀS CONTRIBUIÇÕES SOCIAIS

A Zona Franca de Manaus é fundamental para o desenvolvimento socioeconômico da Região Amazônica, contribuindo para a redução das desigualdades regionais, bem como para a melhoria das condições de vida da população direta e indiretamente envolvida com suas indústrias e demais atividades. É nesse contexto que importa a sua compreensão, inclusive, do ponto de vista histórico, desde a sua concepção para promover o desenvolvimento regional na década de sessenta.

2.1 A ZONA FRANCA DE MANAUS E SUA RELAÇÃO COM O PACTO FEDERATIVO DA CONSTITUIÇÃO DA REPÚBLICA FEDERATIVA DO BRASIL DE 1988

Após o período áureo da borracha, a cidade de Manaus enfrenta quase cinco décadas de atividade econômica enfraquecida. Sob a percepção da necessidade de integrar o país, há, na década de sessenta, a concepção do que veio a se tornar a Zona Franca de Manaus. Havia a expectativa de romper o quadro de estagnação e decadência secular de uma sociedade que, desde o fim do ciclo da borracha, estava enclausurada no tempo" (BENCHIMOL, 1997).

A criação da Zona Franca de Manaus parte de um esforço do Governo Federal para buscar o desenvolvimento da Região Amazônica, também como mecanismo de redução das desigualdades latentes entre as diversas partes do Brasil, nos termos do art. 3º, inc. III, da Constituição Federal (GARCIA, 2004). É importante, portanto, antes de se adentrar nos fundamentos constitucionais que justificam a existência da Zona Franca de Manaus, a compreensão de como funciona uma área de livre comércio.

De acordo com Tosi (2000), as áreas de livre comércio se destinam à importação e exportação de mercadorias, em relação às quais serão concedidos benefícios fiscais, como contrapartida do desenvolvimento regional consequente. Para Bastos (2000, p. 144), a zona franca se constitui de uma área com regime especial.

Ramos Filho (2019) explica que a instituição de uma zona franca, uma área de livre comércio, não deve ser analisada apenas do ponto de vista fiscal, pois com essa política se perseguem finalidades que são também econômicas, sociais e, por assim dizer, de desenvolvimento. Sob esse aspecto, como leciona Tomé (2011), a Zona Franca de Manaus é uma ferramenta para o desenvolvimento da região em que foi instalada.

A lição apontada pelo ex-ministro Eros R. Grau (1998, p, 22) explicita que a designação "políticas públicas" envolve um conjunto de ações do Estado para intervir na vida social, por meio de distintas técnicas de exercício de influência. Há mecanismos próprios da ação estatal para a resolução ou prevenção de problemas sociais. De acordo com a lição de Ramos Filho (2019, p. 21), a Zona Franca cria o que pode ser designado como "ficção de extraterritorialidade", pois o Estado designa determinado território em que encargos tributários, notadamente os aduaneiros, serão afastados.

Ramos Filho (2019, p. 20-21), ainda sobre este tema, é detalhista ao realizar a distinção entre uma zona franca e um porto livre. Esse último arranjo também é conhecido como "porto franco". Essa espécie de porto é referente à área de livre comércio internacional, localizada na orla marítima de determinado país. Tais portos são utilizados para a carga e descarga de produtos sem a incidência de tributação.

Vale a observação de Ferraz Júnior (2003) ao mencionar que a concepção da Zona Franca de Manaus, por meio do Decreto-lei 288/67, adotou a sistemática acima descrita. O art. 6º dispôs que a saída de mercadorias com origem estrangeira, para qualquer ponto do território nacional, será tributada, "a não ser nos casos de isenção prevista em legislação específica". Esse modelo guardara, inclusive, compatibilidade com a Constituição à época vigente no país.

A Constituição de 1946 trouxe em seu art. 199 a obrigação de a União estabelecer e implementar um plano para a valorização da Amazônia. Havia, inclusive, uma determinação para que o Governo Federal destinasse 3% de sua arrecadação tributária com os Estados e Municípios da Região (na redação dada pela EC 21/66). E a criação da Zona Franca de Manaus foi o mecanismo escolhido para execução desse plano.

Com a promulgação da Constituição da República Federativa do Brasil de 1988, houve a recepção da Zona Franca de Manaus e o seu modelo a partir do art. 40 do ADCT (BRASIL, 1988). E, como anota Ramos Filho (2019), há fundamentos tanto gerais quanto específicos que justificam a escolha feita pelo constituinte originário. Sob aspectos mais generalistas, devem ser citados os arts. 3º, III, 43, § 2º, III, 151, I e 170, VII (BRASIL, 1988).

Ávila (2007) defende a existência de estrita relação entre a criação de um modelo de zona franca e os propósitos constitucionais gerais que reafirmam a opção para buscar o desenvolvimento de todas as regiões. A Constituição da República Federativa do Brasil de 1888 consagra a existência de um Pacto Federativo, que envolve o combate à desigualdade e à pobreza uniformemente no país.

Tomé (2011, p. 210) se filia à tese de que o desenvolvimento econômico está diretamente associado ao crescimento do bem-estar social. Menciona-se que o incremento da produção, do comércio e, consequentemente, do consumo são importantes instrumentos para que os demais aspectos socioeconômicos possam ser incrementados em uma região menos desenvolvida.

O Pacto Federativo pressupõe a existência da repartição de recursos e competências entre a União, os Estados-Membros e os Municípios, que devem dispor de mecanismos para superar as desigualdades e se desenvolverem todos de modo satisfatório. Ávila (2007, p. 69)[4] compartilha do pensamento de que "(...) não há um sistema federativo sem a zona Franca de Manaus".

---

4. Trecho completo requer destaque: (...) não há um sistema federativo sem a Zona Franca de Manaus. Há um sistema federativo com a Zona Franca de Manaus. Um sistema federativo composto de entes federados, em posição federativa de igualdade, e da Zona Franca de Manaus, em posição federativa de desigualdade, relativa à concessão de incentivos fiscais. Isso significa que toda regra infraconstitucional relativa à parte tributária do sistema federativo brasileiro deverá sempre levar em conta, no seu conteúdo, a posição específica da Zona Franca de Manaus. Em outras palavras, não se pode conceber o sistema federativo apenas com os Estados, mas **sem** a Zona Franca de Manaus, para, num momento seguinte, tentar encaixá-la **de fora para dentro**. O sistema federativo brasileiro foi concebido constitucionalmente com a Zona Franca de Manaus. Sendo assim, é preciso concretizar o sistema federativo com a participação igualitária dos Estados e com a posição diferenciada da Zona Franca de Manaus, do início ao fim. (Grifos do autor)

A Zona Franca de Manaus é indispensável para a existência do sistema federativo, a materialização do Pacto Federativo, porque é um instrumento que permite a determinados entes o desenvolvimento mais igualitário. Assim a concessão dos incentivos fiscais é a materialização do modelo estabelecido pela Constituição da República Federativa do Brasil de 1988.

E dessas afirmações, conforme leciona Ávila (2007, p. 69), é possível extrair conclusões práticas. O autor defende que toda a legislação infraconstitucional que venha a tratar de política tributária sob a ótica do sistema federativo brasileiro tem por obrigação a consideração sobre as circunstâncias particulares da Zona Franca de Manaus. Essa posição específica assegura à área incentivada proteção especial em relação a regras gerais aplicadas no restante do território nacional.

As regras de caráter mais específico, aquelas circunstanciais, que prevejam, por exemplo, incentivos fiscais para outra região do país, também devem observar a preservação da Zona Franca de Manaus. Deste modo não é possível a concepção de um sistema federativo em que não exista a área incentivada na Região Amazônica. Ávila (2007, p. 69) menciona a necessidade de "(...) concretizar o sistema federativo com a participação igualitária dos Estados e com a posição diferenciada da Zona Franca de Manaus do início ao fim".

O trabalho de Ramos Filho (2019, p. 32) explica também a existência de fundamentos constitucionais específicos sobre a Zona Franca de Manaus. Tratam-se, principalmente, das disposições expressas contidas no Ato das Disposições Constitucionais Transitórias. Apesar do caráter temporário, os artigos constantes no ADCT estão no mesmo nível hierárquico da Carta Magna, como já decidiu o Supremo Tribunal Federal (BRASIL, 1994, ADI 829/DF).

O trabalho de Cruz (1998) indica como fundamentos específicos relativos à Zona Franca de Manaus, no texto constitucional, os contidos nos arts. 40, 92 e 92-A do ADCT. De acordo com Ramos Filho (2019, p. 33), as previsões específicas são de "(I) manutenção da Zona Franca de Manaus, (II) com sua característica de área de livre comércio, de exportação e importação de incentivos fiscais, (III) permanecendo até 2073".

Bastante válido o atento adendo realizado por Ferraz Júnior (2003). A existência de um prazo determinado não implica a conclusão de que a Zona Franca de Manaus só vai existir até essa data. Não se trata de um marco para o seu fim, mas sim de uma garantia que até 2073 haverá uma política de incentivos para o desenvolvimento regional na Região Amazônica.

Greco (2001, p. 138) traz outro complemento importante para a materialização dos fins que justificam a existência da Zona Franca de Manaus. As regras desse subsistema tributário não podem ser encaradas como estáticas. O que o autor defende é a existência de um modelo comparativamente mais vantajoso ao restante do país. O autor relaciona seis principais conclusões a respeito do arcabouço tributário da área incentivada.

Greco (2001, p. 138) defende que a Constituição da República Federativa do Brasil de 1988, por meio do ADCT 40, incorporou todo o conjunto de vantagens fiscais concedidas para a Zona Franca de Manaus. Logo o legislador não pode tomar atitudes que venham a suprimir ou eliminar esses benefícios fiscais. A segunda conclusão proposta é de que esse diferencial é garantido, no mínimo, até o prazo de vigência estabelecido para a área incentivada.

E, com o passar do tempo, é necessário que a política de incentivos reflita o dinamismo da economia, de modo que as condições gerais de benefícios fiscais sejam capazes de manter mais vantajosa a produção na Zona Franca de Manaus. Consequentemente o conteúdo do ADCT 40 não pode ser encarado apenas como uma garantia formal (GRECO, 2001, p. 138).

O terceiro conceito trazido por Grego (2001, p. 138) antecipa o conteúdo das "vantagens comparativas". Para o autor, se há a concessão de um conjunto de benefícios para outra região do país, segmento econômico ou empresa, o escopo desses benefícios não pode ser negado para as empresas da Zona Franca de Manaus. Greco (2001, p. 138) pontua que "ela deve estar, fiscalmente, sob um regime mais vantajoso do que o aplicável às demais regiões do País e não numa condição igual ou pior".

Greco (2001, p. 139) também propõe a defesa da Zona Franca enquanto uma área territorial, de modo que todos os segmentos econômicos que nele se instalem, ou potencialmente possam se instalar, devem ter vantagens comparativas em relação às demais regiões do país. Dessarte os incentivos fiscais ofertados para outros pontos do território nacional devem estar relacionados a segmentos que não estão instalados na Zona Franca de Manaus. Transcrevem-se outras duas considerações de Greco (2001, p. 139)

> Sexta – A concessão de incentivos setoriais não pode se transformar em instrumento indireto de comprometimento da característica diferencial assegurada pela Constituição da República Federativa do Brasil de 1988 à Zona Franca de Manaus (é vedado suprimir a diferença). Se a legislação editada no curso dos 25 anos vier a conceder um incentivo fiscal setorial que tenha relevância para a Zona Franca de Manaus ou que abranja empreendimentos que nela possam vir a se instalar, a previsão de um mesmo grau de incentivo fiscal, qualquer que seja a localização territorial dos empreendimentos, quebra a diferença comparativa e, por decorrência, elimina a característica garantida pelo artigo 40 da ADCT.
>
> Sétima – Havendo um incentivo setorial, a característica diferencial deve ser assegurada no âmbito interno do setor. A concessão de incentivos fiscais setoriais é compatível com o artigo 40 do ADCT se, aos empreendimentos localizados na Zona Franca de Manaus, for assegurado um grau de incentivo maior do que o assegurado aos localizados nos demais pontos do território nacional.

Para que se torne atrativa a vinda de empresas e investimentos para a Zona Franca de Manaus, é preciso que haja uma compensação em relação a problemas crônicos, como é a ausência de infraestrutura, que leva à dificuldade no escoamento de produtos, além do desenvolvimento industrial tardio da região. E a fórmula encontrada para resolver tais problemas é a partir de incentivos fiscais, indispensáveis para a materialização do equilíbrio do sistema federativo brasileiro.

2.2 O CONTEÚDO DA PROTEÇÃO CONSTITUCIONAL DOS INCENTIVOS FISCAIS CONCEDIDOS PARA A ZONA FRANCA DE MANAUS SOB A ÓTICA DA TEORIA DO BLOCO DE CONSTITUCIONALIDADE

Como foi demonstrado na subseção anterior, a manutenção da área incentivada analisada, a Zona Franca de Manaus, está relacionada ao Pacto Federativo contido na Constituição da República Federativa do Brasil de 1988. Sob a premissa do desenvolvimento regional equilibrado nas diferentes áreas do país, a Carta Magna privilegiou um modelo em que se possam estabelecer regras para equilibrar as vantagens e desvantagens de cada localidade.

A Constituição, como foi demonstrado no primeiro capítulo, alicerça um sistema de princípios, valores, regras e diretrizes que permeiam toda a legislação infraconstitucional, além, é claro, das mudanças no próprio texto da Carta Magna. Desta interação, surgem válidos questionamentos: quais normas são constitucionais? E há normas fora da Constituição que integram o seu conteúdo?

Essas perguntas podem ser respondidas a partir do reconhecimento da existência do "Bloco de Constitucionalidade". Vargas (2007) desenvolve sofisticada trilha para o entendimento desse conceito, cuja origem remonta ao "Constitucionalismo". Esse último conceito remete à evolução dos ordenamentos para criar um conjunto de regras que vinculem os que governam e são governados, de acordo com anseios da sociedade. Esses anseios estão relacionados, por exemplo, à proteção das garantias fundamentais.

No curso da história, há momentos que representam a consolidação do Constitucionalismo. O primeiro deles, ainda na Idade Média, com a edição da Magna Carta no século XIII, no reino inglês. Os Estados Unidos e a França, com a Constituição de 1787 e 1789, respectivamente, são outros dois marcos fundamentais. Esses movimentos então passam a ser reproduzidos, no fenômeno que pode ser identificado como "Constitucionalismo Globalizado" (VARGAS, 2007).

Canotilho (2006) atribui a esse fenômeno a denominação de "interconstitucionalidade", uma espécie de coordenação, ainda que involuntária, das constituições e do seu teor, voltados à limitação do Estado e da proteção de um núcleo básico de direitos. Vargas (2007, p. 10), ao se debruçar sobre a obra de Canotilho, menciona que a Constituição deve prestigiar um "(...) sistema de garantias das liberdades, deve conter o princípio da divisão dos poderes e, por fim, deve ser escrita".

Dada a importância da Constituição para o sistema jurídico de um país, é normal que haja regras específicas e mais rígidas para a mudança de seu conteúdo, o que no Brasil é feito por meio de Emendas à Constituição. A própria Carta Magna brasileira estabelece ritos e quóruns qualificados, diferenciados, para que o Poder Legislativo, por iniciativa do Poder Executivo ou não, promova mudanças em seu texto. E ainda assim há a existência de cláusulas pétreas, como o nome sugere, imutáveis (art. 60, § 4º, da CRFB).

Favoreu e Llorente (1991) fazem a provocação de que o vocábulo "bloco de constitucionalidade" não designa apenas uma categoria de normas. Também enuncia um problema, que é novamente a questão da identificação de dispositivos legais que integram o núcleo constitucional do ponto de vista material, sem que formalmente estejam integrados a eles.

Baracho (1996) é um dos autores brasileiros que se debruça sobre inserção desse conceito, do Bloco de Constitucionalidade, no universo jurídico pátrio. E segue o caminho de identificação das normas que não estão, a rigor, inseridas na Constituição, porém, cujo teor a reflete. Canotilho (1998, p. 812) desdobra em duas as interpretações que podem ser obtidas deste conceito:

> Significa isso que os actos legislativos e restantes actos normativos devem estar subordinados, formal, procedimental e substancialmente, ao parâmetro constitucional. Mas qual é o escalão normativo de acordo com o qual se deve controlar a conformidade dos actos normativos? As respostas a este problema oscilam fundamentalmente entre duas posições: (1) o parâmetro equivale à constituição escrita ou leis com valor constitucional formal, e daí que a conformidade dos actos normativos só possa ser aferida, sob o ponto de vista da sua constitucionalidade ou inconstitucionalidade, segundo as normas e princípios escritos na constituição (ou entre as leis formalmente constitucionais); (2) o parâmetro constitucional é a ordem constitucional global, e, por isso, o juízo de legitimidade constitucional dos actos normativos deve fazer-se não apenas segundo as normas e princípios escritos das leis constitucionais, mas também tendo em conta princípios não escritos integrantes da ordem constitucional global. Na perspectiva (1), o parâmetro da constitucionalidade (=normas de referência, bloco de constitucionalidade) reduz-se às normas e princípios da constituição e das leis com valor constitucional; para a posição (2), o parâmetro constitucional é mais vasto do que as normas e princípios constantes das leis constitucionais escritas, devendo alargar-se, pelo menos, aos princípios reclamados pelo espírito ou pelos valores que informam a ordem constitucional global.

As lições de Canotilho demonstram a existência de nuances sobre o conceito do Bloco de Constitucionalidade. O consenso, conforme se extrai da lição de Vargas (2007), é de que o Bloco de Constitucionalidade representa o conjunto de princípios, valores e regras que extrapolam o texto constitucional do ponto de vista formal, servindo de parâmetro, inclusive, para o exercício do controle de constitucionalidade.

O Supremo Tribunal Federal, quando se viu diante de questões e julgamentos que colocassem o Bloco de Constitucionalidade em perspectiva, assentou que a Constituição da República Federativa do Brasil de 1988 não pode ter o seu alcance limitado sob uma ótica formalista, meramente positivista. Há um "espírito" que estende o seu alcance para as demais normas do ordenamento.[5]

A concepção do que vem a ser o Bloco de Constitucionalidade, para se colocar em perspectiva histórica, surge do pensamento jurídico francês. Favoreu e Llorente (1991) remontam tal concepção às atividades do Conselho de Estado no controle de atos proferidos pela administração. Surge, nesse contexto, a percepção de que há princípios e valores gerais que devem servir ao controle de determinados atos.

Vargas (2007) destaca outro importante momento do constitucionalismo francês em que se vê o prestígio, o reconhecimento da existência do Bloco de Legalidade. Em 1971, o Conselho Constitucional Francês reconhece o direito à liberdade de associação, em ato que dá especial importância ao preâmbulo da constituição francesa, mediante a aplicação de princípios e fundamentos da República. Reconhece-se a existência de uma liberdade como uma garantia constitucional.

Sem que sejam necessárias maiores delongas a respeito do tema, o Bloco de Constitucionalidade também é reconhecido e elaborado no bojo do direito espanhol. O seu reconhecimento, no entanto, não propiciou ao Poder Judiciário espanhol, nem à doutrina do país, uma aplicação uniforme.

---

5. Mencionam-se, a título exemplificativo, os seguintes julgamentos realizados pelo E. Supremo Tribunal Federal que abordaram a temática do Bloco de Constitucionalidade: Recurso Extraordinário nº 78.984/RJ e Recurso Extraordinário nº 83.835/SP.

Das lições de Vargas (2007), se extrai que esse bloco ora é um conjunto de normas a serem aplicadas, enquanto em outros momentos é referido como a totalidade de normas que se sobrepõem a outras diante do *status* constitucional.

Quando há a perspectiva de aplicação do conceito de Bloco de Constitucionalidade no Sistema Constitucional Brasileiro, há intrínseca e inevitável associação com os direitos fundamentais estabelecidos pela Constituição da República Federativa do Brasil de 1988. A Carta Magna, porém, não faz a delimitação exata de todo o conteúdo, todas as garantias que possam ser enquadradas no conceito de "direitos fundamentais".

Empresta-se para a sua definição o conceito trazido por Alexy (2002), autor para quem os direitos fundamentais são as garantias constitucionais tão importantes que não podem ser negadas, reduzidas ou inviabilizadas por meio do exercício da maioria parlamentar. Não há, portanto, Constituição, o símbolo da limitação do poder do Estado e das conquistas sociais, sem esse alicerce, de proteção dos direitos fundamentais.

Quando se busca a fundamentação para a aplicação do Bloco de Constitucionalidade na Carta Magna, o art. 5º, § 2º é um dos principais dispositivos de viabilização da aplicação. O dispositivo menciona que a Constituição da República Federativa do Brasil de 1988, em seu conteúdo, abarca outros princípios, normas e também os tratados internacionais. Em síntese, a Constituição não está limitada ao texto constitucional.

Compartilha-se da lição de Miranda (2005), para quem o arcabouço material dos direitos fundamentais não pode estar delimitado pela formalidade constitucional, embora do espírito da Carta Magna derive todo o reconhecimento desses direitos fundamentais. A título exemplificativo, a Constituição Portuguesa é outro diploma constitucional que possui uma "abertura" no momento de identificar quais são os direitos fundamentais.

Dentro do Sistema Constitucional brasileiro, o Bloco de Constitucionalidade está relacionado ao conteúdo dos direitos fundamentais. Como foi demonstrado na subseção anterior, a preservação da Zona Franca de Manaus está intrinsicamente associada ao Pacto Federativo, à perspectiva do desenvolvimento socioeconômico equilibrado entre as regiões da República (art. 3º, III, da CRFB).

Os incentivos fiscais concedidos para as empresas que se relacionam com a Zona Franca, produzindo ou comercializando a partir dela, ou na remessa de bens para a área incentivada, têm por finalidade o aumento do bem-estar social na Região. Espera-se o incremento do capital humano, a redução de desigualdades, o crescimento da renda, além de motivações que se vislumbram com o passar das décadas, como é o caso da preservação florestal.

Na subseção seguinte, aborda-se o ponto específico da constitucionalização das vantagens comparativas concedidas para a Zona Franca de Manaus em relação ao restante do país. Propõe-se o enquadramento deste conceito, bem como de sua aplicação, dentro do que é o Bloco de Constitucionalidade do Sistema Constitucional brasileiro, a partir dos direitos fundamentais trazidos pela Constituição da República Federativa do Brasil de 1988.

2.3 A CONSTITUCIONALIZAÇÃO DA EXISTÊNCIA DE VANTAGENS COMPARATIVAS E O PACTO FEDERATIVO

Em conformidade com o que foi suprarreferido nessa pesquisa, o Subsistema Tributário Constitucional possui suas normas hierarquizadas e em harmonia com a Constituição da República Federativa do Brasil de 1988, Sistema

Constitucional esse a que se vincula. E a interpretação da norma tributária, constitucional ou não, deve ser feita de acordo com os preceitos da Carta Magna, do contrário será considerada incompatível com o Sistema Tributário.

A primeira subseção deste capítulo apresenta a relação existente entre um sistema federativo, o Pacto Federativo, e a existência da Zona Franca de Manaus, intrinsicamente relacionada ao desejo de redução da desigualdade regional, ao anseio de desenvolvimento equânime. Sob essa perspectiva, torna-se um processo natural a manutenção da área incentivada, com o privilégio que lhe são característicos, com a promulgação da Constituição da República Federativa do Brasil de 1988.

Já a segunda subseção aborda o aspecto da existência de normas esparsas no ordenamento jurídico que possuem o *status* de constitucionais. É o que se chama de "Bloco de Constitucionalidade", cuja origem do conceito remonta ao direito francês. Os incentivos fiscais concedidos para a Zona Franca de Manaus devem ser compreendidos como pertencentes a esse Bloco, ao conjunto de normas constitucionais.

O modelo concebido a partir do Decreto-lei 288/67 foi recepcionado pela Constituição da República Federativa do Brasil de 1988 com a aprovação do Ato das Disposições Constitucionais Transitórias (art. 40, do ADCT). Sob a justificativa de sua importância para a redução da desigualdade e promoção do desenvolvimento socioeconômico regional, a Zona Franca de Manaus se transforma também em um pilar de sustentabilidade, um marco da preservação da Floresta Amazônica.

O Constituinte fez a legítima escolha de conferir alicerce constitucional às normas da Zona Franca de Manaus, com a proteção das regras fiscais do Decreto-lei 288/67. E a interpretação das normas tributárias devem respeitar e materializar o inteiro teor da referida norma , pois o seu conteúdo foi expressamente recepcionado pelo art. 40 do ADCT.

O Ministro Marco Aurélio (2003), relator da ADI nº 2.348, assevera que toda regra que impacte a dinâmica dos incentivos fiscais da Zona Franca de Manaus deve ser analisada sob a ótica dos objetivos fundamentais constitucionais que protegem o modelo econômico. A seguir, trecho de voto do Ministro Nelson Jobim na oportunidade do julgamento da ADI nº 2.348:

> Ora, todas as vendas feitas às empresas situadas na Zona Franca de Manaus e que se destinem à exportação, ou não, deverão gozar, nos termos do Decreto-Lei nº 288, da isenção mencionada.
>
> Portanto, sr. presidente, não há dúvida nenhuma (não estou fazendo um confronto entre a Medida Provisória nº 2.037-24 e o Decreto-Lei nº 288/67) de que o Decreto-Lei nº 288/67 é o parâmetro para o exame da constitucionalidade da Medida Provisória nº 2.037, porque está estabelecido na própria Constituição, na medida em que ela diz no artigo 40 do ADCT: "Art. 40. É mantida a Zona Franca de Manaus, com suas características de área de livre comércio, de exportação e importação, e de incentivos fiscais, pelo prazo de vinte e cinco anos, a partir da promulgação da Constituição". Penso que isso está definido no Decreto-Lei nº 288. Quero explicitar que não há confronto. Não estamos rompendo com o modelo da Constituição. Estamos dizendo que este Decreto-Lei é o parâmetro para a inteligibilidade e quem escolheu este parâmetro foi a própria Constituição no art. 40 do ADCT. Não posso me furtar a verificar que o modelo de incentivos fiscais mantido pela Constituição é o estabelecido no Decreto-Lei nº 288/67. (BRASIL, 2003)

O relator da ADI nº 2.348, ministro Marco Aurélio, aborda como esse entendimento é sedimentado pelo Supremo Tribunal Federal. Ao comentar a ADI nº 310.1, sob relatoria do Ministro Sepúlveda Pertence, menciona que existe conflito com a Constituição da República Federativa do Brasil de 1988 toda norma que venha restringir, reduzir ou eliminar os favores fiscais para a Zona Franca de Manaus (BRASIL, 2003).

Corroborando esse pensamento, o ilustre autor Gandra Martins (2013) menciona que a Constituição possui objetivos expressos de desenvolvimento econômico em todo o território nacional, mediante a erradicação da pobreza e a diminuição das desigualdades regionais. E para a persequição desses objetivos são postos os incentivos fiscais, expressamente descritos na Carta Magna como instrumento de desenvolvimento socioeconômico.

Entre os mecanismos postos à disposição é a promoção da industrialização, o que foi feito na Zona Franca de Manaus. Com a edição do Decreto-lei 288/67, cujo teor é compatível com os objetivos da Carta Magna promulgada em 1988, buscou-se a eliminação e a redução de encargos para uma determinada porção do território (GANDRA MARTINS, 2013).

Gandra Martins (2013) destaca a importância dessa escolha, de conferir à lei ordinária ou ato administrativo o *status* constitucional. Isso assegura que tais normas só possam ser alteradas mediante a aprovação de emenda constitucional. E esse foi o caso para as regras da Zona Franca de Manaus.

Considera-se, portanto, que houve a acertada decisão de reputar constitucional o *status* dos dispositivos do Decreto-lei 288/67. E, por conseguinte, a existência de vantagens comparativas para a Zona Franca de Manaus está assegurada pela Constituição da República Federativa do Brasil de 1988. Desta maneira, a legislação ordinária sequer pode vir a suprimir tais vantagens.

O reconhecimento de que os benefícios fiscais da Zona Franca de Manaus estão inseridos no conteúdo da Constituição da República Federativa do Brasil de 1988 implica o reconhecimento de uma exoneração tributária específica. Daí a necessidade de se questionar: os incentivos tributários para a Zona Franca são imunidades, isenções, hipóteses de não incidência ou tributações à alíquota zero? A próxima subseção é dedicada à diferenciação entre as espécies de exoneração tributária.

2.4 AS ESPÉCIES DE EXONERAÇÃO TRIBUTÁRIA E A PREVISÃO NORMATIVA DE TRIBUTAÇÃO

Há controvérsia acerca da classificação. Daí a necessidade da abordagem das espécies de desonerações. Entre doutrinadores é comum identificar vertente alinhada à espécie imunidade assim como também a vertente cuja argumentação sustenta tratar-se da espécie isenção. Por outro lado, informativos oficiais da SUFRAMA[6] caminham noutra direção e não raras ementas e votos proferidos no âmbito do Poder Judiciário preferem não enfrentar a discussão.

2.4.1 A imunidade tributária

Calmon (2018) propõe a realização da distinção entre exonerações internas e exonerações externas. Estas últimas, que não são comportadas no escopo da presente obra, compreendem as remissões e as devoluções de tributos que foram pagos de modo legítimo. As classificadas como "internas" compreendem aquelas nas hipóteses, denominadas qualitativas, e as pertinentes às consequências, identificadas como quantitativas.

Há a exemplificação de que entre as exonerações nas hipóteses qualitativas, estão a imunidade e as isenções; nas exonerações nas consequências, as reduções diretas de base de cálculo e de alíquotas, bem como deduções tributárias e concessões de créditos. Deste modo, a primeira exoneração tributária a ser estudada é a imunidade tributária.

Pontes de Miranda (1953, p. 156) define imunidade como "regra jurídica no plano da competência dos poderes públicos – obsta à atividade legislativa impositiva, retira ao

6.Ao tratar das vantagens, quer sejam, os incentivos à produção oferecidos à Zona Franca de Manaus pelo governo federal, aponta para "alíquota zero do PIS e COFINS nas entradas e nas vendas internas entre as indústrias".

corpo que cria impostos qualquer competência para pôr, na espécie". Calmon (2018) sintetiza o posicionamento doutrinário consignando que a imunidade é, antes de tudo, questão sobre a impossibilidade de exercício de competência.

Kaufmann (2016) destaca que imunidades são, em regra, tratadas por textos constitucionais. E os institutos são previstos de acordo com as convicções econômicas e políticas vigentes à época da edição dessas normas. Fenômeno similar é observado no constitucionalismo brasileiro, à medida em que se considera que determinadas práticas, bens e serviços não deviam ter a incidência tributária. Por consequência, o meio para afastar essa incidência é uma proteção constitucional, a imunidade tributária. Põe-se em perspectiva, a título exemplificativo, circunstâncias que ensejam a imunidade tributária de acordo com a Carta Magna pátria:

> Art. 150. Sem prejuízo de outras garantias asseguradas ao contribuinte, é vedado à União, aos Estados, ao Distrito Federal e aos Municípios:
>
> (...)
>
> VI – instituir impostos sobre:
>
> (...)
>
> b) templos de qualquer culto;
>
> c) patrimônio, renda ou serviços dos partidos políticos, inclusive suas fundações, das entidades sindicais dos trabalhadores, das instituições de educação e de assistência social, sem fins lucrativos, atendidos os requisitos da lei;
>
> d) livros, jornais, periódicos e o papel destinado a sua impressão. (BRASIL, 1988)

Gandra Martins (2014) endereça a discussão mediante a utilização dos exemplos das imunidades recíprocas, das entidades sindicais dos trabalhadores e dos templos. A intenção do legislador foi a de proteger a liberdade de imprensa, fortalecer a democracia e permitir o fortalecimento dos direitos trabalhistas por meio da atividade sindical. O autor sustenta, inclusive, que algumas das imunidades foram reconhecidas para suprir falhas da atividade estatal.

Esse seria o caso das imunidades relativas aos serviços educacionais e de assistência social. São criados estímulos, ou pelo menos contrapartidas, para que os cidadãos venham a suprir a ausência do Estado, compensando-se o empenho e a disposição de recursos para o exercício dessas atividades. É nesse contexto que Gandra Martins (2014) é enfático ao mencionar que as imunidades tributárias não podem ser consideradas favores, ou renúncias fiscais.

Dessarte, a imunidade tributária é indissociável das disposições originárias do ordenamento constitucional, materializado na Constituição da República Federativa do Brasil de 1988. É a Constituição quem reparte a competência entre os entes tributantes – União, Estados, Distrito Federal e Municípios -, com disposições sobre a delimitação, a classificação dos tributos, os critérios de partilha e as garantias do contribuinte (GANDRA MARTINS, 2014).

Trata-se de consequente lógico. Se compete ao texto da Carta Magna a instituição de competências para criar tributos, mediante o conferido de aptidão, poder e dever de fazê-lo, é no âmbito de suas normas – da Constituição – que devem constar as disposições que limitem o poder de tributação dos entes federativos. Kaufmann (2016, p. 115) sintetiza que a imunidade é "a vedação total ao poder de tributar, advinda do texto constitucional. É uma regra de competência negativa".

A Constituição cuida de dois temas distintos sobre a competência. O primeiro consiste, como demonstrado acima, na distribuição entre os entes; o segundo, na outorga do poder para instituir o tributo, de acordo com os critérios observados no primeiro momento. É a partir daí que surgem as vinculações do legislador infraconstitucional, sob pena de inconstitucionalidade dos seus atos (GANDRA MARTINS, 2014).

A imunidade tributária consiste, na verdade, na *incompetência* legislativa, conforme a lição de Torres (2006). A Constituição da República Federativa do Brasil de 1988 limitou a atividade legislativa, de modo que conferiu especial proteção, por meio de proibição expressa, de que a tributação venha a incidir sobre fatos jurídicos executados por determinadas pessoas, circulações de bens ou prestações de serviços.

Ponto fundamental para a compreensão da imunidade tributária reside no fato de que não há obrigação tributária mediante o seu reconhecimento. De igual modo também não há que se falar em crédito tributário. É o que Borges (2007) vem a qualificar como "hipótese de não incidência constitucionalmente qualificada". Desta forma, o reconhecimento de existência da imunidade tributária implica reconhecer a ausência de incidência tributária.

À escolha do legislador originário é concedida especial importância, à medida em que tal iniciativa vincula as atividades legislativas futuras, sob a premissa de que as escolhas do Constituinte refletem valores invioláveis de determinada sociedade. Esse foi o entendimento, inclusive, adotado pelo Supremo Tribunal Federal.

A Corte Suprema julgou a Ação Direta de Inconstitucionalidade – ADI nº 939-7, pertinente ao tema das imunidades tributárias contidas no art. 150, VI, "b", "c" e "d" da Constituição da República Federativa do Brasil de 1988. Na oportunidade, foi decidido que a imunidade tributária se trata de cláusula pétrea. O julgamento tratou da imunidade recíproca dos entes federativos, declarando-se a ilicitude de emenda constitucional que dispôs em sentido contrário (BRASIL, 2010). Borges (2006, p. 14) comenta o seguinte sobre a imunidade tributária:

> Sistematicamente, através da imunidade resguardam-se princípios, idéias-força ou postulados essenciais ao regime político. Consequentemente, pode-se afirmar que as imunidades representam muito mais um problema do direito constitucional do que um problema do direito tributário. Analisada sob o prisma do fim, objetivo ou escopo, a imunidade visa assegurar certos princípios fundamentais ao regime, a incolumidade de valores éticos e culturais consagrados pelo ordenamento constitucional positivo e que se pretende manter livre das interferências ou perturbações da tributação.

A lição de Borges reforça a constatação de que a imunidade tributária sempre está prevista em Constituição. Por se tratar de vedação ao poder de tributar, a competência para dispor sobre esse tema é do Constituinte. Gandra Martins (1998) então constata que a imunidade tributária é uma limitação constitucional ao poder de tributar, embora o contrário nem sempre seja verdadeiro.

É a partir dessa premissa que Gandra Martins (1998) estabelece a principal característica de ordem formal (externa). Consequentemente o aplicador, o intérprete da norma, passa a dispor de pelo menos um critério para realizar a análise se determinado instituto constitui imunidade tributária. Caso a disposição não esteja no texto constitucional, não se trata de imunidade tributária.

A Carta Magna por exemplo, adota a redação de que "é vedado instituir imposto sobre (...)" (BRASIL, 1988). E esse é um dos primeiros critérios de diferenciação entre a imunidade e a isenção tributária. Enquanto este último instituto tem olhar mais restritivo, circunstancial, a imunidade deve ser conferida de modo extensivo, à medida em que o Constituinte buscou a materialização de valores contidos em sua sociedade.

Retoma-se, por oportuno, o exemplo da imunidade recíproca de que gozam a União, os Estados, o Distrito Federal e os Municípios uns em relação aos outros. O valor que essa imunidade tributária traduz é o do pacto federativo, à medida em que se busca a compatibilização dos interesses existentes entre os entes federativos, o que inclui a criação de regras que impeçam o estabelecimento de tributação entre si.

Kaufmann (2016) observa outra característica acerca da imutabilidade das imunidades tributárias. Diante do interesse público resguardado por meio desse instituto, também não é possível que haja recusa ou renúncia do usufruto de tal dispositivo. Do contrário, estar-se-ia diante de infringência ao próprio ordenamento legal, que instituiu a imunidade para refletir escolhas políticas, sociais e econômicas, que devem imperar independente do interesse das partes.

Então a quem com ela lida é vedado conferir tratamento como se favor fosse, ou ainda privilégio ou benefício fiscal. Kaufmann (2016) faz comentário oportuno ao dizer que a imunidade tributária cria barreiras para que o governo utilize impostos com o intuito de coibir determinadas atividades.

Ponto, porém, que ainda causa discussão entre doutrinadores e operadores do direito tributário diz respeito ao alcance das imunidades tributárias. Há legítimos questionamentos sobre a possibilidade de as imunidades tributárias serem restritas aos impostos, enquanto outras formas de tributo não estariam alcançadas por esse instituto. Gandra Martins e Bastos (1990, p. 172) já apresentaram visão restritiva, com o seguinte consignado:

> A imunidade diz respeito aos impostos. Não se aplica às outras espécies tributárias. Há uma razão para que assim seja, posto que as demais espécies são vinculadas a determinadas atividades.
>
> As taxas têm ou uma faceta contraprestacional de serviços públicos e divisíveis ou outra de exercício do poder de polícia.
>
> A contribuição de melhoria é apenas cabível em havendo melhoria do imóvel para seu pagador.
>
> As demais contribuições especiais vinculam-se à sua finalidade. As sociais destinadas à seguridade social, as de intervenção no domínio econômico para regulá-la e as de interesse de categorias

> sociais para mantê-las. Por outro lado, o empréstimo compulsório apenas se justifica nos casos de calamidade pública, guerra externa ou investimento público relevante.
>
> Em outras palavras, as demais espécies tributárias não podem ser objeto de imunidade constitucional porque estão vinculadas a suas finalidades específicas.

Franco (2003) está entre os autores que apresentam perspectiva contrária, mediante a proposição de análise do texto da Constituição da República Federativa do Brasil de 1988. O autor menciona, por exemplo, que o art. 151, I trata de tributo como gênero, de modo que a imunidade tributária alcançaria outras espécies tributárias. Idem o art. 155, ao tratar da energia elétrica e dos serviços de telecomunicação.[7] Por esta razão, a melhor definição seria conceituar que a imunidade tributária se refere à limitação do poder constitucional de tributar.

Torres (2006) também se propõe à análise da questão, como um passo seguinte à distinção entre duas classificações de imunidades tributárias: as próprias e impróprias. Defende o autor que as imunidades propriamente ditas estão relacionadas a aspectos materiais, como acontece com direitos individuais assegurados por cláusula pétrea. Por outro, as imunidades impróprias se referem ao que podem ser compreendidos como campos de desoneração tributária. Torres (2006, p. 210-211) afirma o seguinte sobre este tema:

> Assim, no caso das *imunidades propriamente ditas*, a Constituição reservou para os impostos as disposições do art. 150, VI, e §§2º a 4º, da CF; para as *contribuições previdenciárias*, o teor do art. 195, §7º; e para as *taxas*, na proteção dos direitos fundamentais, os arts. 5º, XXXIV, LXXVI e LXXVII; 208, I, e §1º; 226, §1º, da CF. E no que concerne às *imunidades impróprias*, que são simples casos de desoneração previstos na Constituição, estas veem-se também

---

7. Súmula 659, do STF - É legítima a cobrança da Cofins, do PIS e do Finsocial sobre as operações relativas a energia elétrica, serviços de telecomunicações, derivados de petróleo, combustíveis e minerais do país.

distribuídas por distintos *impostos* (ex: 153, §3º, III, e §4º, II; 155, §2º, X; 156, §3º, II; 184, §5º, da CF), *contribuições* (ex.: arts. 149, §2º; 195, II, e 201, da CF) ou *taxas* (ex.: 230, §2º, da CF).

Como foi demonstrado na seção, a imunidade tributária reflete a opção política realizada pelo Constituinte de impedir que os legisladores – de qualquer ente federativo – venham a instituir tributos sobre determinadas pessoas, atos praticados, bens comercializados e serviços prestados. Esse impedimento reflete a legítima escolha de prestígio a determinados atos, entes ou atividades, consideradas importantes para o desenvolvimento econômico, social e cultural.

Como será demonstrado no capítulo a seguir, outra espécie de exoneração tributária reside na concessão de isenção. A isenção tributária, de modo distinto da imunidade, não reflete escolhas políticas realizadas pelo Constituinte, de modo que também não se insere no contexto de disposições originárias da Constituição da República Federativa do Brasil de 1988.

2.4.2 A isenção tributária

Como foi demonstrado na seção anterior, a observância de que determinado fenômeno jurídico constitui imunidade tributária, mediante o preenchimento dos requisitos formais e materiais, importa dizer que há óbice à incidência do tributo. Não há uma exclusão do crédito, mas sim o impedimento de que seja instaurada a obrigação. E Sacha Calmon (1999) é quem advoga em favor de que igual constatação seja feita em relação às isenções tributárias.

Borges (1969) diverge da opinião de Sacha Calmon, à medida em que considera a norma que prevê a isenção tributária enquanto excludente da obrigação de adimplemento. A disposição legislativa que prevê determinado ente, fato ou circunstâncias enquanto isentas vem ao universo jurídico para limitar, mediante modificação, o alcance das normas jurídicas de tributação.

Moraes (1964) acompanha a divergência da qual coaduna Borges. Para o autor, o fenômeno da isenção perpassa pela caracterização de dois momentos distintos e sucessivos. O primeiro destes momentos acontece quando há a incidência da regra jurídica de tributação em geral. O conteúdo dessa regra exprime o surgimento de determinada obrigação, que é materializada por meio do crédito tributário. E, de modo geral, esse crédito tributário deve ser pago por aquele a quem a legislação conferiu a condição de sujeito passivo.

O segundo momento acontece com a incidência da regra jurídica de exoneração, aquela que prevê a dispensa do pagamento do tributo por meio da isenção. Moraes (1964, p. 673) comenta que: "A isenção tributária consiste num favor concedido por lei no sentido de dispensar o contribuinte do pagamento do imposto." Ocorrendo assim o fato considerado gerador do tributo, de modo que a lei dispensa o seu pagamento, a despeito deste ser devido no primeiro momento.

Coelho (1968) é outro doutrinador clássico que se opõe à ideia proposta por Sacha Calmon. O autor considera que a isenção realiza uma faculdade do legislador, que pode exonerar da obrigação tributária determinados contribuintes, mediante o estabelecimento de critérios. Esse fato não muda, porém, a verificação de uma situação legítima de incidência, como previsto nos arts. 114 a 116 do Código Tributário Nacional.

Borges (1976) advogara em favor da ideia de que a norma isentiva não pode ser dissociada da norma tributária, à medida em que a contrapartida da lei que prevê a isenção tributária é a não incidência daquela que prevê a incidência do tributo. É por isso que normas de isenção são, segundo Borges (1976, p. 72), como "qualquer outra regra excepcional, em face do princípio da generalidade da tributação." Sacha Calmon (2018, p. 153) assim apresenta o seu ponto de divergência em relação à concepção adotada por Borges:

> Data vênia, ousamos discordar da colocação do mestre nordestino. Achamos que a norma de isenção não é. E se não é, não pode ser não juridicizante. Não sendo, também não incide. As normas não derivam de textos legais isoladamente tomadas, por isso que se projetam do contexto jurídico. A norma é a resultante de uma combinação de leis ou de artigos de leis (existentes no sistema jurídico). As leis e artigos de leis (regras legais) que definem fatos tributáveis se conjugam com as previsões imunizantes e isencionais para compor uma única hipótese de incidência: a da norma jurídica de tributação. Assim, para que ocorra a incidência da norma de tributação, é indispensável que os fatos jurígenos contidos na hipótese de incidência ocorram no mundo. E esses "fatos jurígenos" são fixados após a exclusão de todos aqueles considerados não tributáveis em virtude de previsões expressas de imunidade e isenção.

Kaufmann (2016) colabora com a discussão ao demonstrar a ausência de unanimidade sobre a proposição de Sacha Calmon. Com pensamento contrário estão importantes doutrinadores, a exemplo de Bernardo Ribeiro de Moraes, acima citado, Amílcar de Araújo Falcão, Rubens Gomes de Sousa, José Washington Coelho, também citado, Walter Paldes Valério e Cláudio Martins. Kaufmann (2016, p. 120) sintetiza que "para estes doutrinadores, dá-se a obrigação e nasce o crédito, mas o credor dispensa o pagamento".

Machado (2002) oferece solução distinta ao grupo acima citado, mencionando que a isenção consiste na escolha legislativa de restringir a hipótese de incidência da norma tributária. A isenção não pode ser considerada como uma dispensa de pagamento do tributo devido, mas sim uma exclusão do fato gerador.

Retoma-se ao pensamento de Sacha Calmon (2018), pois ainda há divergência em relação às ideias de Machado. Sacha Calmon (2018) expõe a hipótese de incidência tributária enquanto equação, sob a seguinte fórmula: "H = A – (B+C)". A é constituído por fatos tributáveis, enquanto "B" são os fatos imunes; "C", os isentos. Sustenta o autor (2018, p. 166) que "é da norma de tributação que se deduz a inexistência de relação jurídico-tributária. Todo o esforço está centrado em demonstrar que *a norma de tributação não incidiu* por faltar-lhe *tipicidade*".

Diante da importância dessa modalidade de exoneração tributária, a própria Constituição da República Federativa do Brasil de 1988 traz hipóteses programáticas de abstenção do exercício de tributar, mediante a opção legislativa de realização de isenção. E ao texto constitucional compete estabelecer regras, a exemplo daquelas que materializam o princípio da legalidade e o da isonomia tributária (KAUFMANN, 2016).

Borges (2007) observa a aproximação entre as regras para a instituição de tributos e aquelas que preveem isenções. Há uma identidade das condicionantes para cada um dos institutos, de modo que se pode concluir que "o poder de isentar é o próprio poder de tributar visto ao inverso" (BORGES, 2007, p. 40). Portanto há a inevitável ligação entre os regimes jurídicos do tributo e das isenções.

Borges (2007) destaca que o tratamento dispensado às isenções é de renúncia pelo poder público, que renuncia ao exercício de competência de instituir o tributo. E o faz com a expectativa de que atinja determinados fins, diante de circunstâncias particulares que autorizam a concessão do benefício fiscal. Os interesses particulares devem ser atendidos apenas indiretamente, com a prevalência do interesse público.

Kaufmann (2018) pontua que esse interesse público deve ser explícito, sob pena de violação dos princípios da generalidade e da igualdade tributária. O interesse público tem, deste modo, duas consequências para a concessão de isenções. A primeira é que o instituto deve ser de uso excepcional, enquanto a segunda é que não pode ser realizada mediante o atendimento de interesses particulares, sem que o seu usufruto, preenchidas as condições, esteja disponível a todos os contribuintes que satisfazem as exigências (princípio da isonomia).

Diante de aparentes similaridades em análise preliminar, há a tentação de se realizar a equiparação entre a imunidade e a isenção, duas modalidades de exoneração tributária. Paulo de Barros Carvalho é um dos críticos à adoção de tal reducionismo, pois considera que os institutos não podem ser aproximados. Na lição do autor:

> O paralelo não se justifica. São proposições normativas de tal modo diferentes na composição do ordenamento positivo que pouquíssimas são as regiões de contacto. Poderíamos sublinhar tão somente três sinais comuns: a circunstância de serem normas jurídicas válidas no sistema; integrarem a classe das regras de estrutura; e tratarem de matéria tributária. Quanto ao mais, uma distância abissal separa as duas espécies de unidades normativas. O preceito de imunidade exerce a função de colaborar, de uma forma especial, no desenho das competências impositivas. São normas constitucionais. Não cuidam da problemática da incidência, atuando em instante que antecede, na lógica do sistema, ao momento da percussão tributária. Já a isenção se dá no plano da legislação ordinária. Sua dinâmica pressupõe um encontro normativo, em que ela, regra de isenção, opera como expediente redutor do campo de abrangência dos critérios da hipótese ou da consequência da regra-matriz do tributo, (...)
>
> São categorias jurídicas distintas, que não se interprenetram, mantendo qualquer tipo de relacionamento no processo de derivação ou de fundamentação, a não ser em termos muito oblíquos e indiretos.
>
> A conclusão é no sentido de que não se pode delinear paralelismo entre as mencionadas instituições, como o faz a doutrina brasileira.

O estudo da exoneração tributária comporta ainda duas modalidades: a não incidência e a alíquota zero. A distinção entre tais institutos se faz essencial, pois a classificação de determinado fenômeno de exoneração possui consequências distintas nos universos fático e jurídico. E na presente obra, esses efeitos estão diretamente associados à manutenção da competitividade ou não da Zona Franca de Manaus, garantia de natureza constitucional e indispensável ao modelo de desenvolvimento socioeconômico instituído para a região.

2.4.3 A não incidência tributária

Em breve síntese, a não incidência tributária se configura como a ausência de previsão legal instituindo ocorrência de eventos que ensejem a incidência do tributo (KAUFMANN, 2016). Acontecem atos que repercutem no universo jurídico, porém esses eventos não estão constantes em lei, consequentemente, não há o nascimento da obrigação tributária. Exemplo pode ser dado a quem compra carro por valor X, porém o vende com deságio.

Se a pessoa física comprou um veículo, que depois é vendido por valor inferior àquele pago, não há a incidência do Imposto de Renda da Pessoa Física. E essa ausência de incidência coincide com o próprio fato de que não houve lucro tributável (ágio) na operação. Becker (1975) conceitua o ato como estranho à hipótese de incidência da regra jurídica. É a lição de Machado (1999, p. 108) sobre o tema da não incidência:

> A não incidência configura-se em face da própria norma de tributação, ou norma descritora da hipótese de incidência do tributo. Esta norma descreve a situação de fato que, se e quando realizada, faz nascer o dever jurídico de pagar o tributo. *Tudo o que não esteja abrangido por tal descrição constitui hipótese de não incidência tributária.* Em outras palavras, tudo o que não é hipótese de incidência tributária é, naturalmente, hipótese de não incidência tributária. Objeto, pois, da não incidência são todos os

fatos que não estejam abrangidos pela própria definição legal da hipótese de incidência.

São oportunos os comentários adicionais de Scaff (1998) sobre hipóteses de não incidência tributária. Menciona o autor o exemplo de que podem ser observadas, na própria Constituição da República Federativa do Brasil de 1988, que escolhe, por exemplo, não instituir o imposto sobre a propriedade de bicicletas enquanto meio de locomoção. Por outro lado, veículos automotores estão sujeitos a impostos em relação a quem detém sua propriedade (IPVA).

E a não incidência pode ser configurada também enquanto escolha infraconstitucional. Há estados que realizam a opção de não tributar, a despeito de a Constituição da República Federativa do Brasil de 1988 ter conferido esse direito. É o caso das unidades da federação que não criaram leis para realizar a tributação a título do IPVA sobre veículos automotores aquáticos e aéreos.

Kaufmann (2016) se vale ainda das ideias de que a não incidência pode ser tanto gênero quanto espécie. Enquanto gênero, a não incidência é o fenômeno que se observa quando estão presentes as circunstâncias que caracterizam a existência de imunidade ou isenção. Por outro, a espécie se trata da não incidência simples.

Essa não incidência simples se caracteriza pela abstenção do Poder Público da materialização do seu poder de tributar determinado ato. Outro exemplo bastante notório reside na opção da União de não realizar a instituição do Imposto sobre Grandes Fortunas (IGF). Nesse caso, o ente federativo competente não realiza os esforços de regulamentação adicional, de modo que a norma possa caracterizar hipótese de incidência tributária.

2.4.4 A tributação à alíquota zero

A alíquota zero é outra espécie de exoneração tributária. O Poder Executivo pode instituí-la por lei ou mediante a edição de decreto. Corrêa (1975, p. 42) menciona que a alíquota zero é espécie de "benefício fiscal, em que a exclusão do crédito provém do fato de ter sido atingido por disposição legal o elemento quantitativo (alíquota) do fato gerador".

Seixas Filho (1990) então propõe o tratamento da alíquota zero enquanto técnica posta à disposição do legislador. Essa técnica serve ao propósito de limitar a ocorrência do fato gerador. O ato praticado é fato gerador do tributo, constituindo fato típico inserido na tipicidade tributária, porém o Poder Legislativo considera que tal evento não deve ser tributado. Groff (2007, p. 167-168) traz contexto para a existência dessa modalidade de tributação:

> A alíquota zero foi a solução política encontrada para impedir que os Estados perdessem arrecadação do então ICM todas as vezes que a União Federal concedesse isenção de impostos federais às importações. Isso porque, a Constituição Federal de 1967, em seu art. 20, §2º, permitia que a União Federal instituísse isenção também de impostos estaduais e municipais. Por outro lado, a concessão de isenção de imposto federal às importações implicava isenção do imposto estadual (o então "ICM"). Havia, desde aquela época, claro conflito de interesses entre a União Federal e os Estados federados: interessava à União Federal estimular as importações por meio da desoneração do imposto de importação, mas não interessava aos Estados federados perder a arrecadação do ICM devido na importação cada vez que o governo federal exonerava a operação. A solução encontrada foi reduzir a alíquota do imposto de importação a zero: dessa forma, a União Federal continuaria incentivando as importações, sem a necessidade de o fazer por meio de isenção, e, com isso, os Estados federados não perderiam a arrecadação do ICM. A manobra política foi tão eficaz que a matéria acabou sendo ratificada e, posteriormente, sumulada pelo Supremo Tribunal Federal" (Súmula 576 do STF, de 03/01/1977: "É lícita a cobrança do imposto de circulação de mercadoria sobre produtos importados sob o regime da alíquota zero").

Kaufmann (2016) destaca que a alíquota zero constitui hipótese de incidência tributária. E a materialização dessa hipótese de incidência tem como consequência o surgimento da obrigação tributária. Por consequência é neste momento que surge o benefício fiscal, pois não há tributo a pagar, à medida em que se extinguiu o elemento quantitativo (alíquota). São essas características que tornam a alíquota zero distinta das demais modalidades de exoneração tributária.

Machado (2001) está entre os doutrinadores que adotam posição bastante crítica em relação à concepção e à utilização desse instituto de exoneração. De forma bastante contundente, o autor caracteriza tal instituto como "puro eufemismo", à medida em que é feito com o propósito de burlar a lei". A alíquota jamais poderia ser zero, à medida em que traduz uma expressão do todo, da base de cálculo.

Kaufmann (2016) constata que o legislador pátrio tem se válido dessa técnica em alguns tributos, a exemplo da sua utilização na Contribuição ao PIS/Pasep, na COFINS e no Imposto sobre Produtos Industrializados (IPI). E, embora o instituto possa ser criticado, a sua utilização traz consequências jurídicas importantes, a exemplo nos reflexos para a tomada de créditos sobre operações tributadas por alíquota zero.

O capítulo seguinte aborda a função do tributo na sociedade e a natureza dos incentivos fiscais na Zona Franca de Manaus, estudos fundamentais para que sejam analisados os aspectos da possibilidade de tomada de crédito para os cálculos da Contribuição ao PIS/Pasep e da COFINS nas operações com a Zona Franca de Manaus. Também são abordados os aspectos pertinentes à Regra-Matriz de Incidência Tributária, indispensável para a compreensão da tributação e da tomada de crédito.

Serão analisados os critérios material, espacial, temporal, pessoal e quantitativo da Regra-Matriz de Incidência Tributária. E esse estudo permite o desenvolvimento do arcabouço para a elaboração do Capítulo 4, em que são analisadas especificamente a Regra-Matriz de Incidência Tributária da Contribuição ao PIS/Pasep e da COFINS, assim como do lançamento de crédito.

CAPÍTULO 3

A QUESTÃO CRÉDITO DAS CONTRIBUIÇÕES SOCIAIS PARA O PIS E DA COFINS NA ZONA FRANCA DE MANAUS

O terceiro capítulo aborda inicialmente a função do tributo na sociedade, para que então se adentre na temática da Regra-Matriz de Incidência Tributária. Assim é endereçada a temática da natureza jurídica dos incentivos fiscais concedidos para as empresas na Zona Franca de Manaus no caso das Contribuições Sociais ao PIS/Pasep e COFINS.

3.1 A FUNÇÃO DO TRIBUTO NA SOCIEDADE

Distintos e importantes autores se debruçaram sobre o tema da função do tributo, na expectativa de relacionar como esse fenômeno dialoga com a existência do Estado, com o exercício de seu poder, bem como com a sociedade e seus interesses, coletivos ou individuais. Gandra Martins (2005) menciona que Governo, Poder, Estado e Tributo podem ser considerados irmãos quadrigêmeos, em relação aos quais o povo é apenas agente passivo.

A perspectiva de Gandra Martins (2005) pressupõe o conflito latente entre contribuintes e governantes, que são beneficiados pela existência dos tributos. Sem poder decisório, a maior parte da sociedade não tem representação autêntica para se manifestar e participar da formulação da carga ideal, do tributo justo.

Ao tratar da inadequação entre a carga tributária e os serviços públicos prestados, os quais incluem ações sociais efetivas, Gandra Martins (2005, p. 432) afirma que: "até lá, mantenho a minha teoria de que o tributo é apenas um fantástico instrumento de domínio por parte dos governantes". A síntese do pensamento exposto na obra "Uma teoria do tributo" demonstra como são indissociáveis o papel do Estado e a sua relação com a sociedade na análise deste tema.

O Estado é uma construção social, um dos modos de organização encontrados pela espécie humana em prol da convivência relativamente pacífica, que concilie os interesses difusos pela sociedade. Oliveira e Horvath (2000) sintetizam que diversas atividades passam desta forma a serem atribuídas ao Estado. É o caso da realização dos serviços públicos, do exercício do poder de polícia, bem como intervenções em domínios nos quais há demandas sociais latentes.

O Estado interfere no domínio econômico, por meio de subvenções, na expectativa de atender a demandas da sociedade a que pertence, estejam elas relacionadas a aspectos sociais, como o combate à pobreza, ou de desenvolvimento, a exemplo do fomento de determinado segmento econômico. E para atingir tais objetivos, é natural que o Estado deve ter uma fonte de renda (BASTOS, 2006).

Sob certa perspectiva, a receita do Estado é integralmente derivada. Mesmo que se admita a detenção de bens por parte deste ente, bens esses que venham a gerar dividendos, riquezas e lucros, essa propriedade foi reconhecida pela sociedade. Não há, *a priori*, fonte de receita originária de disposições patrimoniais do Estado. E entre as receitas derivadas, o tributo detém destaque, à medida em que é reflexo da soberania estatal (BASTOS, 2006).

O fenômeno da tributação, inclusive, não deve ser atribuído à presença do que se entende por Estado Moderno, a partir do qual se busca a efetivação de direitos de liberdade, políticos e sociais. Na história das civilizações ocidentais, o poder se justificou, por muito, a partir da busca pela manutenção da segurança aos indivíduos. Barros (2003, p. 3) menciona como tais circunstâncias criam um "dever-poder" relacionado ao ato de tributar:

> Refletindo as necessidades e sobre as necessidades que o afligem no curso de sua história, os seres humanos se fixam fins, que se tornam valores, que enformam deveres, que sustentam poderes. Estes nascem, assim, com o dever de atender às necessidades que lhes deram origem, por força e na medida das quais eles são poderes-deveres; e não poderes arbitrários.

Desta forma, não se pode considerar que há um poder ilimitado de tributar, à medida em que o exercício desta função pelo Estado é condicionado. Esse poder-dever da atividade tributária, embora tenha o Estado como sujeito ativo, não pode deixar de ser exercido sem a participação do sujeito passivo, a sociedade, que é permeada por contribuintes (MEDAUAR, 1999).

Bastos (2006) busca, na história humana, eventos emblemáticos que evidenciem essa dinâmica de busca da sociedade, dos contribuintes, pela limitação dos poderes de tributar por parte do Estado. A Carta Magna, editada no contexto da monarquia inglesa no século XIII, trouxera dispositivos que impuseram limites ao poder de tributar do soberano. Limites esses que atingiam, inclusive, forças do Estado outorgadas por Deus.[8]

---

8. A outorga divina do poder foi utilizada como justificativa para a manutenção do modelo monárquico, bem como do exercício do poder sob essa modalidade de regime por integrantes de famílias reais.

Outro exemplo de manifestação histórica é a *Bill of Rights*, de 1689. O art. 10 afirma de modo expresso a vedação de tributos em excesso. E passa a ser consignada também a necessidade de participação do Parlamento para a edição de medidas tributárias. A partir do século XVIII, o debate público sobre tributos perpassa cada vez mais por temas como isonomia, universalidade, não confisco e legalidade (BASTOS, 2006).

No Estado Moderno, esses valores são reafirmados, com o incremento de algumas finalidades distintas para o tributo. A Constituição da República Federativa do Brasil de 1988, em seu art. 150, IV, traz a garantia fundamental de que não haverá a utilização do tributo com efeito de confisco. Destas observações se extrai que a função precípua do tributo é a repartição de encargos para o financiamento do Estado de modo justo.

E essa justiça deriva da expectativa de que a distribuição seja equitativa. O Estado Moderno, porém, é demandado a atuar em favor da transformação social. Buscam-se as materializações da erradicação da pobreza, dos direitos sociais de acesso a serviços básicos, inclusive por meio de programas de transferência de renda, bem como o combate à desigualdade. Rawls (2002, p. 432-433) defende que essa participação da sociedade é indissociável da ideia de legitimidade:

> Não pode haver nenhuma interpretação legal ou socialmente aprovada desses princípios que moralmente tenhamos sempre de aceitar, nem mesmo quando a interpretação é da corte suprema de justiça ou do legislativo. De fato, cada função constitucional, o legislativo, o executivo e o judiciário, apresenta a sua interpretação da constituição e dos ideais políticos que a informam. Embora o judiciário possa ter a última palavra na solução de qualquer caso particular, ele não está imune a poderosas influências políticas que podem forçar a revisão de sua interpretação da constituição. (...).

> O tribunal de última instância não é o judiciário, nem o executivo, nem o legislativo, mas sim o eleitorado como um todo (...). Não há perigo de anarquia desde que haja uma harmonia adequada nas concepções de justiça dos cidadãos e se respeitem as condições do recurso à desobediência civil.

E os tributos passam a ser instrumentos dessa materialização de direitos, tanto por seus aspectos arrecadatórios quanto pelo efeito indutor, para estimular ou coibir comportamentos. A esse aspecto é dado o nome de extrafiscalidade. Paiva (1994, p. 20) define a extrafiscalidade como "utilização instrumental da norma jurídica tributária com o objetivo primário de direcionar o comportamento dos cidadãos".

Delimitada a função do tributo, convém o estudo de como a norma tributária disciplina o fenômeno no universo fático. Daí a importância de que se estude a regra-matriz de incidência tributária, inclusive com a análise específica das contribuições sociais utilizadas como instrumentos de extrafiscalidade no contexto da Zona Franca de Manaus.

3.2 A NÃO CUMULATIVIDADE NAS CONTRIBUIÇÕES SOCIAIS E NO IMPOSTO SOBRE PRODUTOS INDUSTRIALIZADOS

Moreira (2018) identifica três circunstâncias que caracterizam a cumulatividade dos tributos. É a partir dessa distinção que se pode analisar o fenômeno da não cumulatividade, e de modo mais específico, da não cumulatividade da Contribuição ao PIS e da COFINS. A primeira circunstância consiste na exigência de dois tributos (ou até mais) sobre o mesmo fato gerador. Essa primeira hipótese caracteriza bitributação (*bis in idem*).

Exemplo de bitributação ocorre quando dois Estados soberanos decidem realizar a cobrança do imposto de renda que alcance valores idênticos, decorrentes do mesmo fato gerador. A título exemplificativo, pode ser mencionado o indivíduo que temporariamente presta serviços em solo brasileiro, porém possui domicílio e residência fixados em país que não tem acordo para evitar a bitributação firmado com o Brasil. Nesse caso, será exigida a tributação sobre a sua renda em ambos os países (MOREIRA, 2018).

A Constituição da República Federativa do Brasil de 1988 buscou delimitar as competências tributárias, o que atende a pelo menos dois objetivos de fácil identificação. O primeiro aspecto a ser destacado é que o ente responsável pela tributação aufere a sua receita correspondente, que, em sua maioria, será destinada ao custeio de suas obrigações estatais. O segundo aspecto é a tentativa de se evitar a bitributação.

Exemplo interno de bitributação é o histórico conflito existente entre estados e municípios para a tributação de *softwares*. Os estados entendem que tais programas são caracterizados como mercadorias; os municípios, como serviços. E o Supremo Tribunal Federal precisou se pronunciar sobre o tema, determinando que os *softwares* de prateleira, aqueles disponibilizados, sem personalização, à ampla gama de usuários, são mercadorias. E os *softwares* personalizados se caracterizam como serviços (CHIESA, 2001).

A segunda hipótese consiste na majoração artificial da riqueza tributável, quando há a inclusão na base de cálculo da obrigação tributária de outros tributos. E a terceira hipótese de cumulatividade tributária consiste na incidência do tributo em mais de uma fase da cadeia produtiva (MOREIRA, 2018).

Digno de nota que a segunda hipótese é recorrente no Brasil. A superposição contributiva é o fenômeno caracterizado pela inclusão na base de cálculo das exações do valor de outros tributos. Moreira (2018) dá o exemplo do "cálculo por dentro" do ICMS, mediante a previsão expressa da Lei Complementar 97/96 de que o tributo compõe a própria base.

Por mais de década, até julgamento recente do Supremo Tribunal Federal, o ICMS também fora incluído nas bases de cálculo da Contribuição ao PIS e da COFINS. E a consequência é que a alíquota real do tributo passa a ser maior do que aquela nominalmente expressa em lei.

Desde o julgamento realizado pelo Supremo Tribunal Federal, aumentaram os questionamentos pertinentes à inclusão de determinado tributo em sua própria base ou base de tributo distinta. A título exemplificativo, vê-se o aumento de demandas relacionadas à possibilidade exclusão do Imposto Sobre Serviços de Qualquer Natureza (ISSQN) da base de cálculo da Contribuição ao PIS e da COFINS. Moreira (2018, p. 66) comenta o seguinte sobre a terceira hipótese de cumulatividade dos tributos:

> A terceira e última modalidade de cumulação de tributos consiste na incidência do mesmo gravame em mais de uma etapa da cadeia produtiva, o que é passível de ocorrer apenas nos tributos incidentes sobre a produção e comercialização de bens e serviços. Afinal, somente nesses casos, tem-se um liame lógico-operacional desde a primeira incidência tributária, no início da cadeia, até a aquisição do bem ou serviço pelo consumidor final. Exações cujas hipóteses de incidência sejam fatos estanques, não situados no bojo de um processo de circulação de riquezas, não permitem a visualização desta modalidade de superposição tributária.

A outra forma de tributação é a que consagra a não cumulatividade dos tributos. Além de ser um importante conceito do Direito Tributário, a não cumulatividade também pode ser analisada sob a ótica econômica (ALBUQUERQUE, 2003). De acordo com Moreira (2018), esse instituto atua no cálculo do *quantum debeatur* por meio de critérios de abatimento e compensações no valor do tributo devido ou na apuração de sua base de cálculo.

Como será demonstrado adiante, há distintos métodos de utilização da não cumulatividade. É possível a adoção de um modelo imposto contra imposto (*tax on tax*) ou base contra base (*basis on basis*). O que se busca com a adoção desse critério é a tributação da riqueza gerada em cada fase da cadeia produtiva e de comercialização (MOREIRA, 2018).

A origem da não cumulatividade dos tributos está diretamente associada à ideia de tributação incidente sobre o valor agregado. Até o século XX, a regra foi a adoção da tributação plurifásica cumulativa, difundida em razão da facilidade de sua aplicação. Portanto, as fases da cadeia produtiva eram tributadas com a incidência de baixas alíquotas (DUE, 1970).

Essa tributação sobre cada operação remonta ao clássico instituto da Alcabala, utilizado pela Espanha medieval para tributar o comércio e os serviços em suas colônias. A cada transação havia a aplicação da alíquota, que chegara até a 14%, sem a possibilidade de deduzir nada do que foi pago na etapa anterior. Então os produtos se tornavam mais caros quanto maior fosse a circulação entre distintos vendedores e compradores (MOREIRA, 2018).

Embora o modelo de tributação tenha persistido até o século XX, desde o século XVIII é possível identificar críticas à cumulatividade dos impostos. Entre os críticos estivera Adam Smith, que defendia a correlação entre a escolha do Estado Espanhol por esse modelo de tributação e o declínio do seu império, diante da inviabilização da atividade comercial (MOREIRA, 2018).

As desvantagens da utilização dessa forma de tributação, no entanto, superaram os seus benefícios. Entre os motivos estão a verticalização excessiva dos agentes econômicos, para que incida a menor carga fiscal mediante a diminuição de etapas produtivas, o ferimento à isonomia na importação de produtos, a falta de transparência sobre o peso da tributação no produto, além dos incentivos à sonegação e da dificuldade de promoção de fiscalização pela administração fazendária (DUE, 1970).

O modelo cumulativo de tributação privilegiara as empresas maiores em detrimento das médias e pequenas empresas. Enquanto estas últimas dependem da maior participação de outros agentes na cadeia de produção ou comercialização, as empresas maiores se beneficiam por alcançar vários estágios da produção. E assim diminuem a incidência da tributação (MOREIRA, 2018).

Com o aumento da globalização, que potencializou o comércio internacional, o modelo de tributação cumulativa se torna menos vantajoso. Os países buscam criar mecanismos e regras tributárias para desonerar as exportações, assim como o Brasil também faz em grande medida. Por outro lado, com o tributo cumulativo, caso o produtor não seja o exportador direto do bem, haverá a tributação sem que se torne possível abater, compensar ou restituir o imposto incidente quando da venda para o exterior (MOREIRA, 2018). Importante a lição de Moreira (2018, p. 71) sobre os problemas gerados para a fiscalização:

> (f) em comparação com impostos como *retail sales tax* (em que há incidência única na etapa final de venda), nos tributos plurifásicos cumulativos, o número de contribuintes é muito elevado. Estes, ademais, não têm interesse em se autofiscalizar, já que a exação paga por um não é dedutível do valor devido pelo outro. Isto gera dois problemas:
>
> (f.1) incentivo à sonegação: nenhum agente produtor se beneficia do tributo pago anteriormente (ao contrário do que ocorre nos IVAs, em que, havendo destaque da exação na nota fiscal, o adquirente pode abater tal montante do imposto por ele devido);
>
> (f.2) dificuldades na fiscalização: a ampla base de contribuintes tendente a sonegar torna o labor da Administração Fazendária, excessivamente oneroso, fato que levou A. SMITH a sustentar que a sua fiscalização "requer uma multidão de funcionários fazendários".

Diante do consenso de que essa forma de tributação não mais era satisfatória, os países caminharam para o que hoje se compreende como imposto sobre o valor agregado, ou "IVA". E o imposto sobre valor agregado consagra o conceito de não cumulatividade, cuja técnica mais comum é a da subtração (MOREIRA, 2018).

Uma das primeiras instituições de um modelo de tributação sobre o valor agregado foi a experiência francesa, iniciada no ano de 1948. E as críticas surgiram imediatamente, diante da complexidade para o cômputo da tributação, quando comparada com a cumulatividade praticada na comercialização de bens e na prestação de serviços. Afinal se tratara de técnica completamente distinta de tributação às experiências anteriores (MERCIER; PLAGNET, 1997).

Implementado de forma gradual, o modelo de tributação sobre o valor agregado se populariza na Europa a partir da década de 1960. Tanto é que o Relatório Neumark, um dos mais importantes para definição das políticas de tributação na comunidade europeia, recomendou a sua utilização para os países do Mercado Comum Europeu (GUIMARÃES, 2007).

Moreira (2018) sintetiza quais são os principais benefícios da utilização do Imposto sobre o Valor Agregado. Além de uma fiscalização cruzada entre os contribuintes, a dedução em cada etapa do tributo pago na anterior permite que o ônus tributário seja equivalente à alíquota incidente sobre o preço final, o que prestigia a possibilidade de circulação das mercadorias e serviços sem preocupações características da tributação com cumulatividade dos tributos.

Osvaldo Santos de Carvalho (2013) adentra na relação entre a não cumulatividade e as normas constitucionais, à medida em que se objetiva a eliminação dos malefícios característicos da tributação em cascata. Há um consenso de que, em regra, a neutralidade tributária deve ser preservada. Significa dizer, portanto, que os aspectos de tributação de operação não deveriam mudar as escolhas dos agentes econômicos para a produção e comercialização.

O legislador originário, ao estabelecer as regras de não cumulatividade no âmbito da Constituição da República Federativa do Brasil de 1988, inclusive estabeleceu critérios para a sua mitigação. Por consequência, houve diminuição da margem de discricionariedade para que o legislador viesse a criar limitações para o crédito a ser utilizado em compensação (CARVALHO, O. 2013).

Outro importante ganho está relacionado à otimização dos processos produtivos. Com a neutralidade fiscal, empresas não precisam ter preocupações com verticalizações de suas operações com finalidades tributárias como única motivação. Neste caso, podem se concentrar em desenvolver as atividades em que possuem maior expertise. E também é possível desonerar as exportações, o que está de acordo com as aspirações dos países de maior inserção no comércio internacional (MOREIRA, 2018).

De forma sintética, a aplicação dessa técnica preconiza a subtração dos dispêndios anteriores com os tributos sujeitos à não cumulatividade no cômputo da parcela devida pelo contribuinte que realiza a operação tributável. Na prática, porém, há distintas regras que limitam, acrescentam ou modificam a tomada de crédito por parte do integrante da cadeia de produção e comercialização.

Essas mudanças derivam da "técnica" utilizada para a aplicação da não cumulatividade. E a primeira dessas técnicas é a de adição e subtração. Em sua modalidade mais usual, o IVA é aplicado sobre o valor final do bem ou do serviço prestado. Mediante a extração desse valor, que seria o tributo incidente, subtrai-se o *quantum* tributário pago na etapa anterior. É a técnica que se denomina tributo-contra-tributo (MOREIRA, 2018).

A outra modalidade é a base-contra-base, que se demonstra mais viável do ponto de vista prático. Nessa dinâmica, o imposto a se creditar é aquele constante da nota fiscal, o que dispensa maiores esforços aritméticos. Greco (2004, p. 109) trata da dinâmica de não cumulatividade da Contribuição ao PIS e da COFINS:

> A primeira observação a fazer é que as mencionadas leis adotam a técnica de prever deduções ao montante apurado mediante a aplicação da alíquota sobre a base de cálculo. Vale dizer, a alíquota incide sobre a totalidade da base, mas o montante a recolher será o resultado da aplicação de certas deduções.
>
> A segunda observação é de que, na redação original dessas leis, os valores a serem deduzidos não estavam atrelados à circunstância de ter havido incidência, cobrança ou pagamento de PIS/COFINS em momento anterior; com a edição da Lei nº 10.865/2004, introduziu tal exigência. Ou seja, a dimensão dos 'créditos' previstos no artigo 3º decorre do simples fato de configurar-se a uma das hipóteses do inciso.
>
> Ou seja, o regime de não cumulatividade definido *não é* de compensação 'imposto sobre imposto'; haver incidência anterior é requisito de identificação do item que dará crédito ao, mas não há dedução do respectivo montante; não há dedução de PIS/COFINS incidente sobre a receita do vendedor, locador, prestador de serviço etc. Criou-se um direito de deduzir em 'crédito' calculado 'em relação' aos itens enumerados que tenham gerado incidência e 'no montante' da incidência ocorrida.

Ponto importante é que a Constituição da República Federativa do Brasil de 1988 dispôs de modo distinto sobre a não cumulatividade para o ICMS e o IPI em relação às Contribuições ao PIS e a COFINS. Para essas últimas, há a disposição de que a tributação poderá ser não cumulativa, de modo que fica à disposição de o legislador ordinário determinar em que circunstâncias essa aplicação da não cumulatividade será feita.

Por outro lado, em relação ao ICMS e ao IPI, há a determinação de que a tributação será não cumulativa. Na prática, a União pode reduzir o alcance dos créditos a serem tomados pelos contribuintes, na apuração do *quantum* devido a título de cada contribuição, em conformidade com a recente decisão do Supremo Tribunal Federal no julgamento do Recurso Especial nº 841.979 (BRASIL, 2022).

Para que se entre na problemática da obra, pertinente à natureza tributária dos incentivos fiscais concedidos para a remessa, importação ou comercialização interna de produtos na Zona Franca de Manaus, pertinentes à contribuição social ao PIS e à COFINS, é importante o estudo da Regra-Matriz de Incidência Tributária de tais contribuições.

Questão importante para o entendimento do conteúdo da subseção seguinte é o reconhecimento de que a técnica de não cumulatividade não é aplicada de modo uniforme na seara tributária. A Constituição da República Federativa do Brasil de 1988, ao tratar da não cumulatividade do ICMS e do IPI, permitiu a compensação plena, com o abatimento dos valores que foram recolhidos nas operações anteriores com aqueles devidos nas operações subsequentes. É o que se extrai dos arts. 155, § 2º, I e 153, § 3º, II (BRASIL, 1988).

Nos casos das Contribuições Sociais ao PIS/Pasep e COFINS, o cenário é relativamente distinto. A não cumulatividade para esses tributos é introduzida na Constituição da República Federativa do Brasil de 1988 por meio da Emenda Constitucional 42/2003. A redação do art. 195, § 12 então passa a dispor que “A lei definirá os setores de atividade econômica para os quais as contribuições incidentes na forma dos incisos I, b; e IV do *caput*, serão não cumulativas.”

Percebe-se da análise da emenda constitucional aprovada a distinção entre as técnicas de não cumulatividade. Sem adentrar nas polêmicas sobre as limitações, o fato é que a legislação ordinária pode dispor acerca dos setores que estão ou não alcançados pela aplicação da não cumulatividade na apuração da Contribuição ao PIS/Pasep e da COFINS.

A simples análise das Leis 10.637/2002 e 10.833/2003, em especial nos arts. 3º, evidencia outro aspecto advindo do art.195, § 12 da Constituição da República Federativa do Brasil de 1988. Não é todo o dispêndio, a realização de determinada despesa de modo indiscriminado, que vai permitir a tomada de crédito para a apuração da Contribuição ao PIS/Pasep e da COFINS. Foi conferido ao legislador o poder de limitar a amplitude da tomada de crédito. Sehn (2011, p. 270-271) comenta o seguinte a respeito do tema:

> Ora, se o legislador pode o mais, que é excluir por completo a aplicabilidade do regime para um determinado segmento, certamente também pode o menos, apenas restringindo o alcance da não cumulatividade. Afinal, em matéria de competência, *cui licet quod est plus licet utique quod est minus* ("quem pode o mais, pode o menos"). Portanto, lamentavelmente, a não cumulatividade continua na esfera de liberdade de conformação legislativa do Congresso Nacional. Este deverá definir os setores em que será aplicada, o método de operacionalização e, principalmente, a amplitude do direito ao crédito, o que, sem dúvida, representa o aspecto de maior relevância.

O Supremo Tribunal Federal, no fim do ano de 2022, realizou o julgamento do Recurso Extraordinário nº 841.979. E decidiu pela constitucionalidade das normas que realizam a limitação do aproveitamento de crédito da Contribuição ao PIS/Pasep e da COFINS. O posicionamento jurídico adotado, porém, é importante registrar, está bem longe da unanimidade.

3.3 A REGRA-MATRIZ DE INCIDÊNCIA TRIBUTÁRIA DA CONTRIBUIÇÃO PARA O PIS E DA COFINS NO REGIME NÃO CUMULATIVO

É com as lições de Paulo de Barros Carvalho que há o aprofundamento no estudo da norma jurídica tributária. Diferentemente de Becker e Ataliba, cujos esforços estiveram concentrados na hipótese, Carvalho (1974, p. 66) trata da busca por "(...) extrair dados e elementos que tivessem a virtude de descrever e justificar todas as construções tributárias possíveis e inimagináveis".

Carvalho (2021) inicia o estudo da regra-matriz de incidência tributária a partir da diferenciação entre as relações jurídicas e as relações jurídicas tributárias. Com o direito destinado à função instrumental de ordenamento da vida social, a relação jurídica é a ferramenta de que se dispõe para o estabelecimento de deveres e direitos correlatos, mediante a regulação de condutas na sociedade.

No âmbito do Direito Tributário, é possível identificar duas modalidades de relações jurídicas. Existem as que estabelecem deveres administrativos e as de substâncias patrimoniais, que no núcleo da norma estão associadas à hipótese de incidência (regra-matriz). Já os deves instrumentais (ou formais) são o que tornam possível a instituição tributária (CARVALHO, 2021).[9]

No estudo da hipótese de incidência tributária é importante fazer a distinção com o fato gerador. Amaro (2008, p. 512) menciona que a hipótese de incidência "(...) designa com maior propriedade a descrição, contida na lei, da situação necessária e suficiente ao nascimento da obrigação tributária, enquanto a expressão 'fato gerador' diz da ocorrência, no mundo dos fatos". Britto (2016, p. 38-39) assim comenta sobre a importância da adoção de critérios:

> Desse modo, os critérios da regra-matriz de incidência tributária cumprem uma importante função de delinear, em conjunto,

9. O Código Tributário Nacional, instituído por meio da Lei 5.172, de 25 de outubro de 1966, trata da distinção entre obrigações principal e acessórias, por meio do artigo 113. A obrigação principal surge mediante a ocorrência do fato gerador, que impõe o dever de pagar tributo ou penalidade pecuniária. Há, portanto, a obrigação de dar (ônus patrimonial). A obrigação acessória é aquela de natureza instrumental, consistente em dever de fazer ou não fazer, como é o caso do fornecimento de declarações para o Fisco.

> quais serão as propriedades que os elementos (os acontecimentos da vida social) devem apresentar para pertencer à classe dos fatos descritos na norma geral e abstrata, perfazendo a primeira das operações lógicas envolvidas na incidência, a subsunção.
>
> Se atentarmos para a etimologia da palavra "critério"39, vemos que uma de suas acepções que se preserva desde origem grega do termo é a de "regra para distinguir o verdadeiro do falso". Trata-se de noção que se coaduna com a compreensão dos critérios da regra-matriz de incidência tributária, pois o alcance das propriedades por eles determinadas determina uma regra para distinguir, não a verdade ou falsidade, mas os fatos que podem ensejar a incidência fiscal, separando-os de todos os acontecimentos que não darão cabimento à cobrança do tributo.

O estudo da regra-matriz de incidência tributária se demonstra fundamental, à medida em que os debates doutrinários e decorrentes de litígio sobre a aplicação das normas tributárias versam, em maior parte, sobre a delimitação e o alcance de conceitos. É o caso dos conceitos constitucionais de renda, serviços de comunicação e de insumo (BRITTO, 2016).

É possível identificar as três principais origens das disputas sobre as delimitações e a compreensão de conceitos expostos no campo das normas tributárias. O primeiro diz respeito à ausência de definição do conceito utilizado no diploma normativo, de modo que os intérpretes passam a ter o dever de inferir o significado a partir de outros elementos do ordenamento (BRITTO, 2016).

Há os casos também em que a definição é imprecisa, a despeito de estar contida em um diploma legal. A terceira hipótese decorre das circunstâncias em que é possível verificar que diferentes significados são atribuídos a idêntico vocábulo no curso do ordenamento jurídico, significados, inclusive, contrários e contraditórios.

Toma-se como exemplo de tais fenômenos o conceito de "insumo", para fins de autorização para tomada de crédito das despesas com aqueles no cômputo da Contribuição ao PIS/Pasep e da COFINS. Diante da imprecisão do conceito, coube ao Superior Tribunal de Justiça, por meio do julgamento do Recurso Especial nº 1.221.170/PR, tentar definir a semântica do vocábulo.

Na oportunidade do julgamento realizado pelo Superior Tribunal de Justiça, foram consignados os critérios de "essencialidade ou relevância" para definir o que seriam os insumos. A imprecisão da norma jurídica, no entanto, continua a ser motivo de disputas, pois Fisco e contribuintes se inserem em litígios em torno da caracterização de determinada despesa como insumo.[10]

Quando não é possível delimitar precisamente o significado do termo isolado, abre-se margem para a ambiguidade. E dessa ambiguidade derivam disputas sobre qual o significado expresso no vocábulo. Britto (2016) relaciona tal dinâmica ao paradigma adotado pelo modelo de ordenamento jurídico tributário brasileiro, de subsunção à norma. Esse modelo está diretamente associado aos princípios da tipicidade e da estrita legalidade tributária.

É nesse contexto, de reconhecimento da ambiguidade em que pode incorrer a norma tributária, que se faz importante o estudo da regra-matriz de incidência tributária. Busca-se obter, a partir desta, o sentido das normas jurídicas tributárias, a partir de critérios. Esses critérios podem ser distinguidos entre aqueles pertencentes à hipótese, ao consequente e aqueles de natureza quantitativa (CARVALHO, 2021).

---

10. A União, por meio do Anexo de Riscos Fiscais, documento que acompanha a Lei de Diretrizes Orçamentárias para o ano de 2023, estimou a perda de aproximadamente R$ 473 bilhões caso o Supremo Tribunal Federal venha a confirmar o entendimento adotado pelo Superior Tribunal de Justiça. Digno de nota, porém, a imprecisão da conta, à medida em que sequer é possível obter – por meio da norma ou das decisões judiciais que formaram precedentes – o que vem a ser insumo e, portanto, gera crédito para o cômputo das Contribuições Sociais. Notícia disponível em: https://encurtador.com.br/gjATZ Acesso em: 05 out. 2023.

Necessária, a propósito, a distinção entre a hipótese de incidência tributária e o fato gerador. Hipótese de incidência está relacionada ao descritivo contido na norma jurídica (tributária). Uma das concepções do fato gerador, por sua vez, está relacionado à ocorrência de determinados fatos (e circunstâncias) que estão descritos em lei. Machado (2006, p. 147) propõe a seguinte distinção:

> A expressão hipótese de incidência designa com maior propriedade a descrição, contida na lei, da situação necessária e suficiente ao nascimento da obrigação tributária, enquanto a expressão fato gerador diz da ocorrência, no momento dos fatos, daquilo que está descrito na lei. A hipótese é simples descrição, é simples previsão, enquanto o fato é a concretização da hipótese, é o acontecimento do que fora previsto.

O legislador elenca quais práticas considera relevantes para incidir a hipótese tributária prevista, mediante a concretização dos elementos descritivos na regra-matriz. Araújo (2001, p. 65) delimita que o fato jurídico é o ato "(...) sobre o qual incidiu a norma jurídica, de modo que a norma jurídica é suporte fático e concorre como causa do fato jurídico ou das relações jurídicas". Feita a distinção, estabelece-se a importância do estudo da hipótese de incidência.

A hipótese de incidência, que se traduz em uma norma jurídica, contém o fato jurídico, cujo acontecimento (ou realização) gera deveres e obrigações, quando praticado sob determinadas circunstâncias. E essas circunstâncias, para o estudo do fenômeno da tributação, são os critérios de hipótese e de consequente da regra-matriz de incidência tributária.

Os critérios de hipótese são os: material, temporal e espacial. Estes compõem o que Britto (2016, p. 40) vem a definir como sendo a "primeira parte do juízo hipotético-condicional da regra-matriz de incidência tributária". E o primeiro a ser analisado é o critério material, consistente no composto fático a partir do qual se justifica a incidência do tributo (CARVALHO, p. 2013).

3.3.1 O critério material

O critério material é, em regra, composto por um verbo e um complemento. Esse conjunto de elementos normativos forma a descrição de determinado *comportamento*, a conduta que, sob certas condições estabelecidas nos demais critérios, enseja a ocorrência da tributação. Paulo de Barros Carvalho (2013) sintetiza que essa relação entre o verbo e o complemento é a expressão do comportamento humano.

Esse comportamento é traduzido em atividades, que podem estar relacionadas a ações, como o fazer, além daquelas que refletem o estado. É o caso de "ser", "estar", "permanecer" e afins. É por isso que a expressão "comportamento" exprime a acepção lata do vocábulo. E também é neste critério – o material – em que estão concentradas a maior parte das disputas sobre os conceitos utilizados (BRITTO, 2016). Britto (2016, p. 41) exemplifica a partir do caso do Imposto Sobre Serviços de Qualquer Natureza (ISSQN):

> Para dar um exemplo das dificuldades que o intérprete enfrenta, vejamos o caso do ISS. Seu critério material, delimitado nos termos da Lei Complementar nº 116/2001, será prestar serviço. Trata-se de duas palavras (prestar e serviço) cuja abrangência semântica na linguagem natural é bem ampla, mas que têm significação juridicamente demarcada pela concatenação de vários dispositivos do ordenamento. Prestar serviço, em nosso sistema, consiste num "esforço de pessoas desenvolvido em favor de outrem, com conteúdo econômico, sob regime de direito privado, em caráter negocial, tendente a produzir uma utilidade material ou imaterial" 46. Desse modo, se um sujeito resolve trocar a pintura de sua residência e decide ele mesmo fazer a atividade, ainda que se possa dizer em linguagem despreocupada que ele "fez um serviço para si mesmo", não se poderá dizer, na linguagem jurídica, que ele prestou serviço, porque, no direito tributário brasileiro, essa palavra é empregada com outros contornos semânticos.

Exemplo de divergência recente entre o Fisco e os contribuintes envolvendo a interpretação do critério material é a disputa judicial sobre a inclusão do Imposto sobre Circulação de Mercadorias e Serviços (ICMS) na base de cálculo da Contribuição ao PIS/Pasep e da COFINS. O critério material de "auferir receita" não é consensual entre o Fisco e os contribuintes, de modo que foi necessário o pronunciamento do Supremo Tribunal Federal sobre o tema.

Em linhas gerais, o critério material das Contribuição ao PIS/Pasep e da COFINS consiste em auferir receita, o que compreende a receita bruta prevista no art. 12 do Decreto-lei 1.598/77 e as demais receitas tratadas pelo art. 183, VIII da Lei 6.404/76. Ambas as legislações mencionam quais são as receitas que não constituem o critério material da Regra-Matriz de Incidência Tributária de tais contribuições.

3.3.2 O critério espacial

O segundo critério que constitui o antecedente da regra-matriz de incidência tributária é o espacial. A delimitação de determinada ação pressupõe o seu ordenamento no tempo e no espaço, inclusive para a avaliação da conduta humana e estabelecimento das consequências (BRITTO, 2016).

Britto (2016, p. 42), ao se apropriar do pensamento de Paulo de Barros Carvalho, menciona esse critério como "(...) o intervalo espacial no qual se verifica a ocorrência do comportamento referido no critério material da regra-matriz de incidência tributária". E o estabelecimento do critério espacial pode estar explícito ou implícito, quando se demanda maior exercício de interpretação para o entendimento do conteúdo jurídico do critério.

A partir desse entendimento, é possível extrair a existência de três graus de elaboração do critério espacial. O primeiro exemplo aborda a hipótese em que o critério espacial traz a menção expressa a determinado local para a ocorrência do que é chamado fato típico, a conduta humana delimitada por meio do critério material (CARVALHO, 2021).

Há também as hipóteses em que o critério espacial está delimitado a espaços específicos. Deste modo se considera que só ocorrerá a hipótese de incidência, tal como prevista em lei, quando o ato humano, o acontecimento, ocorrer dentro da área geograficamente delimitada. E a terceira circunstância é aquela no qual o critério espacial é bem genérico (CARVALHO, 2021).

A adição do elemento de critério espacial, embora ajude na elucidação e na interpretação da norma tributária, também pode trazer imprecisões e se tornar motivo de disputa entre Fisco e contribuintes. Britto (2016, p. 43) menciona casos de imprecisão e como poderiam ser corrigidos:

> Desse modo, a definição do critério espacial do ISS, por exemplo, não se contentaria com a enunciação "território do município", como na alternativa c do modelo exposto acima (este seria seu domínio espacial de vigência), mas deveria indicar: estabelecimento prestador, uma vez que este seria o marco espacial a ser registrado em termos denotativos pelo aplicador quando da construção da norma individual e concreta. Da mesma forma, na incidência do imposto sobre a renda, não nos depararíamos rigorosamente com uma tributação que tenha o território nacional ou até mesmo todo o mundo como seu critério espacial. Nesse tributo, a variável espacial será preenchida com as referências ao local de residência ou localização da fonte pagadora, bastando que seja feita a prova de que um desses itens se encontra dentro do domínio espacial de vigência para justificar a incidência do tributo.

Assim o critério espacial deve fornecer elementos precisos para que o intérprete da norma, o aplicador, seja capaz de extrair as informações para fixar o lugar da incidência do tributo. E o território deve ser correspondente ao domínio espacial no qual há a vigência da norma. E o terceiro critério do antecedente da regra-matriz de incidência tributária é o temporal.

3.3.3 O critério temporal

O critério temporal está diretamente relacionado à expressão da definição do instante em que se considera o fato jurídico tributário. Britto (2016) dá especial ênfase ao conceito de *instante* para que o critério temporário possa ser corretamente definido.

Cassone (2006) dá exemplo de critério temporal a partir do Imposto sobre Circulação de Mercadorias e Serviços (ICMS). A legislação tributária trouxe como critério material a saída de mercadorias do estabelecimento comercial.[11] Daí se infere também que o critério temporal é o *instante* exato em que há a saída dessa mercadoria. O legislador escolheu este momento como determinante para o nascimento da obrigação tributária.

Para fins de análise da norma jurídica tributária, considera-se que o fato é realizado em instante único, independente da sua repercussão. Esse momento é delimitado pelo legislador, de modo que a incidência da norma desconsidera todos os demais instantes, pretéritos e futuros (BRITTO, 2016).

Carvalho (2021) é crítico, inclusive, da expressão "fato gerador pendente", utilizada pelo Código Tributário Nacional no art. 105 (BRASIL, 1966). Defende o doutrinador que essa acepção não exprime conteúdo jurídico capaz de fazer nascer a obrigação tributária. Só há obrigação de prestação pecuniária, de pagamento do tributo, quando estão concretizados todos os elementos descritos na hipótese de incidência (norma).

11. O STF decidiu, por meio do ARE 1255885, que o ICMS não incide sobre deslocamento interestadual de mercadoria entre estabelecimentos do mesmo titular, apenas incidindo nos casos em que configurar ato mercantil ou transferência da titularidade do bem. Disponível em: https://portal.stf.jus.br/noticias/verNoticiaDetalhe.asp?idConteudo=450285&ori=1#:~:text=ICMS%20n%C3%A3o%20incide%20sobre%20deslocamento,transfer%C3%AAncia%20da%20titularidade%20do%20bem.

Essa conclusão pode ser extrapolada para os demais critérios contidos na regra-matriz de incidência tributária. Há a necessidade de que todos os elementos definidos na norma jurídica estejam presentes para que se concretize a incidência do tributo. Britto (2016, p. 45) define que "o critério temporal, portanto, será formado pelos enunciados que permitam identificar esse instante em meio a uma cadeia de acontecimentos".

O critério material, acima exposto, resume-se à importação de bens ou serviços. O critério espacial está relacionado à entrada de tais mercadorias no Brasil, ou ao resultado do serviço – caso não tenha sido realizada por pessoa sediada no exterior no próprio país destinatário. O art. 3º, II, da Lei 10.865/2004disciplina que o critério temporal é materializado com a entrada de bens estrangeiros no território nacional, ou com o "pagamento, o crédito, a entrega, o emprego ou a remessa de valores a residentes ou domiciliados no exterior como contraprestação por serviço prestado." (BRASIL, 2004).

O critério temporal está disposto em ambas as leis (Leis 10.637/2002 e 10.833/2003), que mencionam a incidência sobre o total de receitas auferidas "no mês". A regra para o critério espacial é o auferimento de receitas no território nacional. O sujeito passivo é quem apura esta receita, enquanto o sujeito passivo é o titular do direito, as empresas e equiparadas sujeitas à Contribuição ao PIS/Pasep e à COFINS. E o sujeito ativo é a União, que detém o proveito da arrecadação.

3.3.4 O critério pessoal

O consequente da norma jurídica tributária é delimitado pela existência de dois critérios. O primeiro deles é o critério pessoal; o segundo, quantitativo. O critério pessoal compreende os sujeitos ativo e passivo. O sujeito ativo é aquele definido como o "titular do direito subjetivo de exigir a quantia". E não necessariamente há identidade entre esse sujeito e aquele titular da competência para instituir a norma tributária.

Carvalho (2021) define que, no direito tributário brasileiro, a prestação pecuniária pode ter por titular do direito subjetivo de exigir pessoa jurídica pública ou privada. São as lições do autor sobre o sujeito ativo do critério pessoal:

> Entre as pessoas jurídicas de direito público, temos aquelas investidas de capacidade política – são as pessoas políticas de direito constitucional interno – dotadas de poder legislativo e habilitadas, por isso mesmo, a inovar a organização jurídica, editando normas. Há outras, sem competência tributária, mas credenciadas à titularidade de direitos subjetivos, como integrantes de relações jurídicas obrigacionais. Entre as pessoas de direito privado, sobressaem as entidades paraestatais, que, guardando a personalidade jurídica privada, exercitam funções de grande interesse para o desenvolvimento de finalidades públicas. (CARVALHO, 2021, p. 335)

E o sujeito ativo, titular do direito de exigir tais tributos e do proveito decorrente da arrecadação, é a União. O entendimento da Regra-Matriz de Incidência Tributária aplicada a tais contribuições é importante para que se enfrente a problemática proposta, que surge, principalmente, da vedação à tomada de crédito dos insumos e mercadorias adquiridos considerados tributados à alíquota zero, provenientes da ou destinados à Zona Franca de Manaus.

O segundo integrante do critério pessoal é o sujeito passivo. Trata-se daquele para quem a norma tributária atribuiu a responsabilidade pelo cumprimento da prestação pecuniária. Esse pode ser pessoa física ou jurídica, privada ou pública. O art. 121 do Código Tributário Nacional delimita que esse sujeito passivo pode ser o contribuinte e o responsável (BRASIL, 1966).

Considera-se contribuinte, de acordo com o inciso I, "quando tenha relação pessoal e direta com a situação que constitua o respectivo fato gerador" (BRASIL, 1966). E o responsável é aquele que, sem estar revertido da condição de contribuinte, tem a si atribuída a responsabilidade pelo cumprimento da obrigação tributária por meio de disposição expressa em legislação.

Sem que se tornem necessárias maiores considerações, o Código Tributário Nacional, bem como outras disposições legais, traz outras hipóteses de atribuição de responsabilidade pelo crédito tributário, subsidiárias ou isoladas. Entre os exemplos está a atribuição de responsabilidade ao sócio ou administrador que age contra os interesses da empresa, com abuso de poder ou infração a seu estatuto (BRASIL, 1966).

O sujeito passivo, de acordo com a legislação tributária, é o importador que promove a entrada de bens estrangeiros no território nacional. E para o caso de serviços, é a pessoa física ou jurídica que os tome de prestadores residentes e domiciliados no exterior. Caso o contratante também esteja no exterior, a responsabilidade tributária é atribuída ao beneficiário do serviço prestado que se encontra no país (BRASIL, 2004).

3.3.5 O critério quantitativo

O quinto elemento da norma jurídica tributária, que está no escopo do consequente, é o critério quantitativo. Esse critério pode ser subdividido em dois itens, a base de cálculo e a alíquota. Britto (2016) observa que há três critérios principais a serem observados na estipulação destes: a capacidade contributiva, a tipologia do tributo e a vedação ao confisco. Britto (2016, p. 46-47) comenta o seguinte sobre as lições de Paulo de Barros Carvalho e Geraldo Ataliba:

> Pela conjunção desses princípios, a base de cálculo assume especial posição no direito brasileiro, a ponto de alguns autores apontarem aí a estar o núcleo da norma tributária. Segundo Paulo de Barros Carvalho, cabe-lhe desempenhar três funções: (i) objetivar a prática do fato descrito na hipótese tributária; (ii) mensurar a intensidade com que se o pratica; e (iii) comparar-se às prescrições que definem os critérios da hipótese seja para afirmá-los (quando estiverem ocultos), infirmá-los (quando dispuserem em sentido diverso) ou confirmá-los (quando houver coincidência). A essas funções, Geraldo Ataliba acrescenta uma quarta, derivada do princípio da tipologia tributária: ao lado do fato gerador, a base de cálculo constitui critério de reconhecimento e distinção dos vários tributos previstos na Constituição.

O outro elemento, como mencionado, é a alíquota. O sistema tributário nacional consagra a reserva legal para as modificações pertinentes a esse elemento. Quando congregada à base de cálculo, a alíquota serve de parâmetro ao fornecimento da dívida, de modo que a conjugação permite a obtenção do valor exigido pelo sujeito ativo do sujeito passivo (CARVALHO, 2021).

3.3.6 Regra-Matriz da Incidência Tributária das contribuições para o PIS e da COFINS no regime não cumulativo

Antes de descrever elementos da regra-matriz tributária das contribuições para o PIS e da COFINS no regime não cumulativo, torna-se oportuno para explicitar por meio de função (relação entre elementos de dois conjuntos) critérios que compõem antecedente e consequente da Regra-Matriz. Para tal intento, é possível se valer do esquema lógico de representação formal desenvolvimento por Paulo de BarrosCarvalho (2021, p.685).

A seguir, tem-se na primeira linha a proposição-normativa-padrão em linguagem simbólica e nas linhas subsequentes a construção da Regra-Matriz propriamente dita:

Regra-Matriz da Incidência Tributária das contribuições para o PIS e da COFINS no regime não cumulativo

- D {[cm (v • c) • ct • ce] → [cp (Sa • Sp) • cq (bc • al)]}

Dever ser neutro (D) atua no conectivo interproposicional (→) juridicizando vínculo entre hipótese e consequência, cujos elos (•) dos critérios são conectivos lógicos conjuntores

- D {[critério material (verbo • complemento do verbo) • critério temporal • critério espacial] → [critério pessoal (Sujeito ativo • Sujeito passivo) • critério quantitativo (base de cálculo • alíquota)]}
- D {[auferir receita bruta • momento de apuração da receita • qualquer lugar do território nacional] → [União • Contribuinte que aufere contribuição ao PIS e para Cofins) • (total de receitas auferidas • 1,65% para o PIS e 7,6% para o Cofins)]}

Dispondo em poucas palavras, André Mendes Moreira (2018, p. 444) expõe que o contribuinte localizado no Brasil, que apura a Contribuição ao PIS/Pasep e a COFINS pelo regime de não cumulatividade, ao auferir receita bruta pela pessoa jurídica, consubstancia o critério material da hipótese de incidência. Têm-se assim que o critério temporal ocorre no instante, ou seja, no momento exato do auferimento da receita.

O critério espacial é a localização em que há ocorrência do critério material, ou seja, o espaço territorial sob o qual o critério material deve ocorrer para incidir a norma tributária. Tal momento de apuração da receita, portanto, caracteriza o que vem a ser o critério temporal, que neste caso é qualquer lugar do território nacional.

O sujeito ativo, titular do direito de exigir o tributo e, consequentemente, o beneficiário da arrecadação, é a

União. E o sujeito passivo, para a Regra-Matriz de Incidência Tributária do PIS e COFINS é o contribuinte pessoa jurídica que aufere a Contribuição ao PIS/Pasep e a COFINS pelo regime de não cumulatividade.

O critério quantitativo é composto pela descrição da base de cálculo do tributo e por suas respectivas alíquotas, de modo que o sujeito ativo e o sujeito passivo possam extrair a dimensão do fato tributário, a quantia a ser paga. Para as Contribuições ao PIS/Pasep e COFINS as alíquotas são, respectivamente, de 1,65% e 7,6%. E a base de cálculo é o faturamento, com a aplicação das regras, em especial as deduções, previstas em lei.

A seção seguinte apresenta a problemática da limitação à tomada de crédito para o cálculo da Contribuição ao PIS/Pasep e da COFINS por empresas localizadas na Zona Franca de Manaus, quando adquirem mercadorias que foram consideradas tributadas à alíquota zero na etapa anterior. Apresenta-se também a importância da validade da tomada do crédito para as empresas sediadas na Região.

A subseção seguinte aborda a natureza dos incentivos fiscais concedidos para as empresas sediadas na Zona Franca de Manaus. Trata-se de abordagem indispensável para a problemática explorada no capítulo subsequente, quando se põe em perspectiva a vedação ao crédito para o cômputo da Contribuição ao PIS/Pasep e da COFINS das empresas localizadas na área incentivada.

3.4 A NATUREZA DOS INCENTIVOS FISCAIS CONCEDIDOS PARA ZONA FRANCA DE MANAUS

Como foi demonstrado nas subseções anteriores, os tributos têm como função precípua a distribuição dos encargos pertinentes ao financiamento das atividades do Estado pela sociedade. O poder estatal retira parte da riqueza produzida pela sociedade, na expectativa de que obtenha recursos para custear demandas desse próprio conjunto de indivíduos.

A teoria da incidência também comporta as hipóteses de exoneração tributária. Calmon (2018) pontua que ao tema ainda é devida maior atenção. A lição de Loureiro (1947) atribui a questão histórica de não aprofundamento na temática das isenções ao fato de que a incidência tributária é o fenômeno mais abordado, inclusive em relação à questão das espécies de tributos.

Significa dizer que os tributos também assumem características extrafiscais. Esse fenômeno é percebido quando a norma busca a indução de comportamentos entre agentes, incentivando-os ou buscando a inibição de tais atos. Desta maneira, além dos casos em sobre determinadas práticas incidem tributação com alíquotas maiores às gerais, há hipóteses em que os contribuintes são desonerados, ainda que parcialmente, para que se realize a indução a determinada conduta.

Nessa linha de raciocínio, o estudo realizado da exoneração tributária é igualmente indispensável para a compreensão do fenômeno da tributação. No caso da Zona Franca de Manaus, a classificação adequada da espécie de exoneração pode ser determinante para alterar a forma como determinadas normas devem ser interpretadas, o que pode inviabilizar a fruição de incentivos fiscais.

Sob a perspectiva da incidência tributária, há dois elementos indispensáveis à estrutura da norma, a hipótese e a consequência. A regra de natureza jurídica serve ao propósito de estabelecer uma hipótese, da qual decorre a consequência quando certos eventos fáticos são constatados, eventos esses descritos no escopo da norma.

A teoria da incidência também comporta as hipóteses de exoneração tributária. Calmon (2018) pontua que ao tema ainda é devida maior atenção. A lição de Loureiro (1947) atribui a questão histórica de não aprofundamento na temática das isenções ao fato de que a incidência tributária é o fenômeno mais abordado, inclusive em relação à questão das espécies de tributos.

Estudados os fenômenos de exoneração tributária, o próximo passo consiste em compreender qual a natureza dos incentivos concedidos no subsistema tributário da Zona Franca de Manaus para as Contribuições Sociais, notadamente na Contribuição ao PIS/Pasep e na COFINS. Desta forma, afinal, qual a natureza desses incentivos fiscais?

Em um olhar mais superficial, essa parece uma questão menor diante da opção comum de tratar isenção, imunidade e tributação à alíquota zero como sinônimos. Em especial nos casos de isenção e imunidade, é comum que se estabeleçam paralelos a partir da constatação de que em ambas as hipóteses não haverá o dever de pagar o tributo (CARVALHO, 2021).

E, afinal, qual a natureza desses incentivos fiscais? Questão que parece menor, diante da escolha comum de tratar isenção, imunidade e tributação à alíquota zero como sinônimos. Em especial nos casos de isenção e imunidade, é comum que se estabeleçam paralelos a partir da constatação de que em ambas as hipóteses não haverá o dever de pagar o tributo (CARVALHO, 2021).

Nas searas da Contribuição ao PIS e da COFINS, porém, este tema é dotado de especial relevância. O art. 149, § 2º tratou de hipótese em que não há incidência das contribuições, o que consta no inciso I. Dispõe-se que "não incidirão sobre as receitas decorrentes de exportação" (BRASIL, 1998).

A escolha do legislador, ao dispor na Carta Magna sobre a limitação ao alcance das Contribuições Sociais, foi por conferir imunidade tributária às receitas decorrentes de exportação. Cita-se, por exemplo, que o ICMS também não incide na remessa de bens ou serviços (de telecomunicação e transportes) para o exterior[12] (BRASIL, 1988).

Carvalho (2021) descreve que a imunidade tributária é imposta ao legislador ordinário como um dos critérios para formar a sua competência tributária, observados os demais limites constitucionais. Menciona o autor (2021, p. 206) que "o preceito de imunidade exerce a função de colaborar, de uma forma especial, no desenho das competências impositivas. São as normas constitucionais."

A isenção, em conformidade com o exposto no Capítulo 3 desta obra, opera no plano da legislação ordinária. Dessarte, o efeito da norma que institui a isenção é diminuir a abrangência dos critérios de hipótese ou da consequência da regra-matriz do tributo instituído. Deste modo, imunidade e isenção são institutos jurídicos completamente distintos (CARVALHO, 2021).

Pois bem. O Decreto-lei 288/67, em seu art. 4º, menciona a equiparação das remessas para a Zona Franca a operação de exportação para fins fiscais. O Superior Tribunal de Justiça, quando realizou o julgamento do Recurso Especial 1.276.540/AM, decidiu que igual tratamento à remessa para a Zona Franca de Manaus deve ser conferido para as operações internas, com amparo no Decreto-lei 288/67 e nos princípios constitucionais que norteiam a existência do modelo (BRASIL, 2011).

A escolha pelo tratamento da Zona Franca de Manaus como área equiparada ao exterior, além de estar relacionada à sua origem, semelhante a um entreposto comercial, também reflete a dinâmica de tributação de operações desta natureza. Operações de exportação são desoneradas pelos países, na expectativa de que tais ações impulsionem o ingresso no comércio internacional (BEVILÁCQUA, 2017).

---

12. Súmula 649 do STJ - Não incide ICMS sobre o serviço de transporte interestadual de mercadorias destinadas ao exterior.

Continua Bevilácqua (2017) com o destaque de que a desoneração da operação de exportação não deve ser restrita à última fase da cadeia de comercialização no país. O pensamento está de acordo com aquele desenvolvido por Rezende (1978) ainda na década de 1970, pois há o imposto pago nas etapas anteriores do processo de produção pelo exportador – ou aquele de quem tenha adquirido os bens.

Se a remessa de produtos para a Zona Franca de Manaus, bem como as operações internas, recebe tratamento de exportação para fins fiscais, está alcançada pela imunidade tributária. Este foi, inclusive, o entendimento firmado pelo Supremo Tribunal Federal quando realizou o julgamento da ADI nº 310, sob a relatoria da ministra Carmen Lúcia. Transcreve-se:

> (...)1. Não se há cogitar de inconstitucionalidade indireta, por violação de normas interpostas, na espécie vertente: a questão está na definição do alcance do art. 40 do Ato das Disposições Constitucionais Transitórias, a ser, se esta norma de vigência temporária teria permitido a recepção do elenco pré-constitucional de incentivos à Zona Franca de Manaus, ainda que incompatíveis com o sistema constitucional do ICMS instituído desde 1988, no qual se insere a competência das unidades federativas para, mediante convênio, dispor sobre isenção e incentivos fiscais do novo tributo (art. 155, § 2º, inciso XII, letra, "g", da Constituição da República). 2. O quadro normativo pré-constitucional de incentivo fiscal à Zona Franca de Manaus constitucionalizou-se pelo art. 40 do Ato das Disposições Constitucionais Transitórias, adquirindo, por força dessa regra transitória, natureza de imunidade tributária, persistindo vigente a equiparação procedida pelo art. 4º do Decreto-Lei n. 288/1967, cujo propósito foi atrair a não incidência do imposto sobre circulação de mercadorias estipulada no art. 23, inc. II, § 7º, da Carta pretérita, desonerando, assim, a saída de mercadorias do território nacional para consumo ou industrialização na Zona Franca de Manaus. 3. A determinação expressa de manutenção do conjunto de incentivos fiscais referentes à Zona Franca de Manaus, extraídos, obviamente, da legislação pré-constitucional, exige a não incidência do ICMS sobre as operações de saída de mercadorias para aquela área de livre comércio, sob pena de se proceder a uma redução do quadro

fiscal expressamente mantido por dispositivo constitucional específico e transitório.

Como foi demonstrado no Capítulo 2, o modelo instituído pelo Decreto-lei 288/67 para a Zona Franca de Manaus foi recepcionado pela Constituição da República Federativa do Brasil de 1988. O Constituinte, de modo deliberado, aprovou o art. 40 do ADCT, com a disposição expressa de que os incentivos fiscais concedidos para essa área incentivada não poderiam ser reduzidos.

E o Decreto-lei 288/67 é justamente o arcabouço que, além de amparar a existência da Zona Franca de Manaus, menciona que as suas operações são equiparadas a exportações. E às exportações, como mencionado acima, foi conferido especial tratamento, com a imunidade sobre as receitas decorrentes dessas operações para as Contribuições Sociais.

Este entendimento veio a ser corroborado em distintos julgamentos posteriores: Recurso Extraordinário nº 568.417/RS, Recurso Extraordinário nº 1.072.586/CE e Agravo em Recurso Especial n 997.126/DF. Em resgate à lição de Carvalho (2021), a imunidade tributária constitui um dos critérios de competência tributária estabelecidos na Carta Magna.

E a constitucionalização do Decreto-lei 288/67, por meio do art. 40, do ADCT, também instituiu um desses critérios de competência tributária ao dispor que, para todos os fins fiscais, os benefícios da Zona Franca de Manaus devem ser interpretados como se realizados em operação de exportação. Significa dizer, portanto, que toda a norma que trata da Contribuição ao PIS/Pasep e da COFINS deve ser interpretada sob esse prisma quando envolve a Zona Franca de Manaus.

Deste modo, é flagrante a ilegalidade da limitação à tomada de crédito para cômputo da Contribuição ao PIS e da COFINS das empresas sediadas na Zona Franca de Manaus quando recebem produtos “tributados à alíquota zero”.

Se feita a correta análise, sob a premissa de que se trata de operação imune, o tratamento jurídico conferido é completamente distinto. E a legislação ordinária, ao tratar da não cumulatividade das Contribuições, não pode mudar a natureza dos incentivos fiscais concedidos para a Zona Franca de Manaus, sob pena de afronta à Constituição da República Federativa do Brasil de 1988.

Afronta essa que se opera em dois níveis. Primeiro se teria uma norma infraconstitucional esvaziando o teor da norma constitucional, diante do *status* conferido ao Decreto-lei 288/67. Sob outra perspectiva, as Leis 10.635/2002 (Contribuição ao PIS) e 10.833/2003 (COFINS) também estariam em dissonância com os princípios que norteiam a manutenção da Zona Franca de Manaus no Sistema Constitucional.

E as leis supracitadas trazem conteúdo distinto sobre o aproveitamento dos créditos quando se trata de operação de exportação. Por este motivo é fundamental a correta classificação dos incentivos fiscais concedidos para as operações destinadas e realizadas na Zona Franca de Manaus. Do contrário, estariam reduzidos os alcances dos próprios incentivos, mediante a classificação errônea de sua natureza. A seguir o teor das Leis 10.635/2002 (Contribuição ao PIS) e 10.833/2003 (COFINS):

Lei 10.637, de 30 de dezembro de 2002

Art. 5º. A contribuição para o PIS/Pasep não incidirá sobre as receitas decorrentes das operações de:

I - exportação de mercadorias para o exterior; (...)

§ 1º. Na hipótese deste artigo, a pessoa jurídica vendedora poderá utilizar o crédito apurado na forma do art. 3º para fins de:

I - dedução do valor da contribuição a recolher, decorrente das demais operações no mercado interno;

II - compensação com débitos próprios, vencidos ou vincendos, relativos a tributos e contribuições administrados pela

Secretaria da Receita Federal, observada a legislação específica aplicável à matéria.

Lei 10.833, de 29 de dezembro de 2003

Art. 6º A COFINS não incidirá sobre as receitas decorrentes das operações de: I - exportação de mercadorias para o exterior; (...)

§ 1º. Na hipótese deste artigo, a pessoa jurídica vendedora poderá utilizar o crédito apurado na forma do art. 3o, para fins de:

I - dedução do valor da contribuição a recolher, decorrente das demais operações no mercado interno;

II - compensação com débitos próprios, vencidos ou vincendos, relativos a tributos e contribuições administrados pela Secretaria da Receita Federal, observada a legislação específica aplicável à matéria. (BRASIL, 2002; BRASIL, 2003).

Demonstra-se, portanto, de fundamental relevância o correto enquadramento dos incentivos fiscais concedidos à Zona Franca de Manaus, que devem ser classificados como imunidades tributárias. A classificação devida conduz, inclusive, a efeitos práticos, como é no caso de se reconhecer como indevida a limitação à tomada de crédito que foi estabelecido no art. 5º-Apela Lei 10.637/2002, dispositivo que se refere à Contribuição ao PIS/Pasep e à COFINS, sob a premissa de que as remessas para a Zona Franca de Manaus seriam "tributadas à alíquota zero".

Sob a ótica dos critérios estabelecidos pela Regra-Matriz de Incidência Tributária, com o reconhecimento da imunidade tributária, as operações destinadas a ou realizadas na Zona Franca de Manaus não constituem critério material. Chegar-se-ia à conclusão diversa, caso a interpretação das Leis 10.637/2002 (Contribuição ao PIS) e 10.833/2003 (COFINS) não fosse feita sob a ótica da Carta Magna, que consagrou as disposições do Decreto-lei 288/67.

Questão relacionada, que poderá ser abordada em pesquisa futura, diz respeito à possibilidade de reprodução do estudo para as denominadas Áreas de Livre Comércio, que compreendem os territórios de Tabatinga (AM), Macapá/Santana (AP), Guajará-Mirim (RO), Boa Vista e Bonfim (RR) e Basiléia, Epitaciolândia e Cruzeiro do Sul (AC). Essas áreas foram estabelecidas, respectivamente, pelas Leis 7.965/89, 8.387/91, 8.210/91, 8.256/91 e 8.857/94.

Tais áreas são beneficiadas com incentivos fiscais similares àqueles concedidos da Zona Franca de Manaus. E, embora ainda tenha relevância econômica bem inferior à do Polo Industrial de Manaus, tais regiões se apresentam como centros de negócios e de desenvolvimento regional, inclusive para a remessa de produtos da Zona Franca de Manaus a essas localidades.

Pesquisas futuras poderão abordar a possibilidade de tomada de crédito para cômputo da Contribuição ao PIS e da COFINS na remessa de insumos tributados à alíquota zero, isentos ou que não são alcançados pela incidência das contribuições sociais por empresas sediadas nas Áreas de Livre Comércio.

Daí a importância de compreender natureza dos incentivos fiscais concedidos para a Zona Franca de Manaus. Essa compreensão permite o estudo da possibilidade de tomada de crédito das aquisições sobre insumos, matérias-primas e embalagens tributados à alíquota zero, isentas ou que não sofrem a incidência das contribuições sociais no cômputo da Contribuição ao PIS e da COFINS.

CAPÍTULO 4

A QUESTÃO DO CRÉDITO PRESUMIDO COM RELAÇÃO À ZONA FRANCA DE MANAUS

4.1 A CONSTRUÇÃO DA REGRA-MATRIZ DO CRÉDITO PRESUMIDO DA CONTRIBUIÇÃO PARA O PIS E DA COFINS DAS AQUISIÇÕES COM DESTINO À ZONA FRANCA DE MANAUS

Como foi demonstrado na subseção anterior, a não cumulatividade passa a ser técnica amplamente difundida para a tributação ao passo que é técnica utilizada para o cálculo da Contribuição ao PIS/Pasep e da COFINS. As Leis 10.637/2002 e 10.833/2003, ao dispor sobre a cobrança não cumulativa da Contribuição ao PIS/Pasep e da COFINS, trouxeram disposições que limitam o aproveitamento de **crédito** para os produtos que são considerados como tributados à alíquota zero ou isentos. A mudança legislativa que sedimenta esse cenário se dá no fim do ano de 2004, acarretando prejuízos para a Zona Franca de Manaus.

Se as operações para a Zona Franca de Manaus são indevidamente classificadas como tributadas à alíquota zero, não há o direito ao crédito. Sem o direito ao crédito, conforme foi demonstrado na subseção anterior, há diminuição da competitividade das empresas sediadas na área incentivada. Para a manutenção das vantagens comparativas assegurada à Zona Franca de Manaus, impõe-se a necessidade de um modelo *sui generis*.

Embora a natureza jurídica dos incentivos tributários concedidos para a Zona Franca de Manaus em relação às Contribuições para o PIS e da COFINS incidentes sobre a receita seja de imunidade, é preciso tratá-los como isenção tributária no caso específico do aproveitamento do crédito da Contribuição ao PIS/Pasep e da COFINS. Essa é a construção adequada para que sejam mantidas as vantagens comparativas da Região, sem que o benefício fiscal se converta em mero diferimento.

Esse tratamento *sui generis* é necessário para o enquadramento da tomada de crédito por empresas sediadas na Zona Franca de Manaus nos arts. 3º, § 2º, II das Leis 10.637/2002 e 10.833/2003. Esses dispositivos mencionam o aproveitamento do crédito quando as aquisições isentas servem de insumo para produtos que serão tributados nas operações subsequentes.

Cria-se um crédito presumido, cuja regra que precisa o nascimento do direito ao crédito goza de autonomia, relativamente à norma que cuida da imposição tributária, conforme evoca Carvalho (2021, p.726). À medida que se avança na forma juridicamente qualificada que dispõe sobre o direito ao crédito, nota-se a indispensabilidade de idêntico tratamento às operações de aquisição de mercadorias, cujas receitas são imunes a contribuições sociais realizadas por empresas localizadas na Zona Franca de Manaus. A equiparação a exportações das operações realizadas com a área incentivada não pode se tornar um obstáculo para a fruição de determinado benefício fiscal.

E novamente se torna oportuno mencionar que a legislação ordinária não pode diminuir as vantagens comparativas asseguradas à Zona Franca de Manaus pela Constituição da República Federativa do Brasil de 1988. Por outro lado, é importante o reconhecimento de que a própria legislação que regulamenta a Contribuição ao PIS/Pasep e a COFINS reconhece hipóteses de concessão do crédito presumido a partir da regra-matriz de direito ao crédito. Exemplo desse tratamento é aquele previsto no art. 8º da Lei 10.925/2004.

O dispositivo supramencionado prevê a possibilidade de produtores de mercadorias de origem animal e vegetal deduzirem da Contribuição ao PIS/Pasep e da COFINS o crédito presumido de aquisições que não foram tributadas (BRASIL, 2004). Desta forma, o tratamento *sui generis* também deve ser conferido às operações imunes com a Zona Franca de Manaus para que mantenham as vantagens comparativas.

E, ao tratar as operações imunes como isentas, é possível estabelecer a Regra-Matriz de Incidência Tributária condizente com o exercício do aproveitamento do crédito presumido com o crédito tributário, ambos em relação à Contribuição ao PIS/Pasep e da COFINS. E é essa a solução jurídica à luz do sistema de normas brasileiro para as empresas sediadas na Zona Franca de Manaus.

Demonstra-se a supracitada solução jurídica à luz do sistema de normas brasileiro para as empresas sediadas na Zona Franca de Manaus a seguir. Ora, é possível demonstrar a regra-matriz sob mesmo esquema lógico de representação formal acima explicitada, de modo que não se pode deixar de mencionar que diferente da regra-matriz de incidência tributária construída no tópico 3.3.6, esta não costuma ser elaborada nem pela doutrina, tampouco pela jurisprudência pátria. A construção se dá de que se tem na primeira linha, a proposição-normativa-padrão em linguagem simbólica e nas linhas subsequentes, a Regra-Matriz

Crédito Presumido da contribuição para o PIS e da COFINS no regime não cumulativo.

Regra-Matriz do Crédito Presumido da contribuição para o PIS e da COFINS no regime não cumulativo

❖ D {[cm (v • c) • ct • ce] → [cp (Sa • Sp) • cq (bc • al)]}

Dever ser neutro (D) atua no conectivo interproposicional (→) juridicizando vínculo entre hipótese e consequência, cujos elos (•) dos critérios são conectivos lógicos conjuntores

❖ D {[critério material (verbo • complemento do verbo) • critério temporal • critério espacial] → [critério pessoal (Sujeito ativo • Sujeito passivo) • critério quantitativo (base de cálculo • alíquota)]}

❖ D {[adquirir insumos • momento da aquisição do insumo • território da ZFM] → [pessoa adquirente de insumo • União) • (valor de aquisição do insumo • 1,65% para o PIS e 7,6% para o Cofins)]

Sob essa perspectiva, a Regra-Matriz de Incidência consiste na apuração dos créditos presumidos das Contribuições Sociais pertinentes ao instante da aquisição de insumos pelas empresas sediadas na Zona Franca de Manaus. Se a remessa de produtos para a área incentivada é equiparada à exportação, o critério material consiste na aquisição de insumos que são efetivamente dotados de imunidade tributária, porém que devem receber o tratamento da isenção para fins de assegurar o crédito presumido.

Sob a ótica dessa Regra-Matriz de Incidência desenvolvida, o critério espacial é a aquisição realizada dentro do território da Zona Franca de Manaus.[13] O tratamento *sui generis*

---

13. A localização da Zona Franca de Manaus é instituída no artigo 2º do decreto-lei nº 288/1967: corresponde à demarcação "à margem esquerda dos rios Negro e

será aplicado quando as empresas instaladas na área incentivada realizarem a aquisição de insumos ainda que não alcançados pela Contribuição ao PIS/Pasep e a COFINS.

O critério temporal, assim como na RMIT ordinária do crédito, é a aquisição do insumo, que é feita na emissão da nota fiscal pelo vendedor. O sujeito passivo é aquele que, além de fiscalizar, é o beneficiário do crédito após a realização do *quantum debeatur*. Esse é o caso da União para a Contribuição ao PIS/Pasep e a COFINS.

O sujeito ativo é pessoa adquirente de insumo localizada na ZFM mesmo que exonerados da tributação diante do reconhecimento da imunidade tributária. Integrante da relação jurídica neste vínculo, possui o direito à compensação, que é o direito patrimonial em face ao Estado quanto tal pessoa submetida à apuração da Contribuição ao PIS/Pasep e da COFINS por meio do regime de não cumulatividade.

Diante da aplicação dessa Regra-Matriz de Incidência Tributária para o crédito, a que preserva as vantagens comparativas para a Zona Franca de Manaus, é possível extrair o *quantum debeatur*, o critério quantitativo da Regra-Matriz. Esse se dá mediante a aplicação das alíquotas de 1,65% para a Contribuição ao PIS/Pasep e 7,6% para a COFINS (BRASIL, 2002; BRASIL, 2003), sobre o valor da aquisição do insumo.

Amazonas uma área contínua com uma superfície mínima de dez mil quilômetros quadrados, incluindo a cidade de Manaus e seus arredores". É especificado pela norma, ainda, que a área "terá um comprimento máximo continuo nas margens esquerdas dos rios Negro e Amazonas, de cinquenta quilômetros a jusante de Manaus e de setenta quilômetros a montante desta cidade". Por fim, é expresso no texto possibilidade de aumento da área cujo "comprimento da superfície dos rios adjacentes à Zona Franca, nas proximidades do porto ou portos desta, considera-se nela integrada, na extensão mínima de trezentos metros a contar da margem". (BRASIL, 1967)

4.2 A IMPORTÂNCIA DA TOMADA DE CRÉDITO DAS CONTRIBUIÇÕES SOCIAIS PARA AS EMPRESAS DA ZONA FRANCA DE MANAUS

O crédito presumido apresentado nesta pesquisa é essencial para a manutenção da competitividade da Zona Franca de Manaus. As empresas constantemente buscam a economia com o custo fiscal por meio do planejamento tributário. E a área incentivada deve cumprir com esse propósito, também para que realize os outros objetivos para os quais foi concebida, como a redução da desigualdade regional.

Rememoram-se as lições de Greco. A aplicação da técnica de não cumulatividade não pode tornar menos vantajosa a instalação e a permanência das empresas na Zona Franca de Manaus. A limitação à tomada de crédito, porém, tem exatamente este efeito. Para as Contribuições Sociais, as empresas da área incentivada passam a estar em igual condição daquelas nos demais territórios do país.

Reprisa-se que a Zona Franca de Manaus foi concebida com o propósito de se criar um parque industrial regional, capaz de trazer desenvolvimento para a região em que foi instalada. Outros estados da Região Norte, a exemplo do Pará e de Roraima, preferiram o desenvolvimento econômico por meio da agropecuária, da mineração e da agricultura extensiva. Ainda que com um custo fiscal relevante para o país, é importante observar as conquistas econômico-sociais decorrentes da implementação do modelo da Zona Franca de Manaus.

Como consequência, há a significativa expansão do Município de Manaus, que se torna importante centro de desenvolvimento. A taxa de urbanização do município de Manaus experimenta trajetória crescente, tendência essa que se perpetua durante as últimas cinco décadas. Manaus, inclusive, se torna o maior núcleo urbano regional, posto que historicamente era ocupado pela capital do estado do Pará, Belém.

De acordo com dados extraídos do Índice de Desenvolvimento da Educação Básica – IDEB (2022), é possível perceber um aumento da escolaridade da força de trabalho com a instituição da Zona Franca de Manaus. O salto é de menos de quatro anos de escolaridade, nos anos de 1970, para sete anos ainda nos anos 2000, o que se aproxima do tempo observado em Belém.

Os dados extraídos do IDEB demonstram que a evolução do nível de escolaridade observado em Manaus, o que está diretamente correlacionado com a existência do Polo Industrial, é superior à média nacional. E os indicadores educacionais refletem o ganho de capital humano e de produtividade.

O trabalho de Gonçalves (2019) também relaciona a existência de impacto significativo entre a Zona Franca de Manaus e o crescimento da renda dos trabalhadores na capital do Estado do Amazonas. Estes trabalhadores apresentam ganhos superiores em comparação àqueles de outras localidades da região, o que também tem impacto em indicadores e aspectos sociais.

Araújo e Paula (2009) identificam que as principais fontes de renda antes da existência da Zona Franca de Manaus vinham do desenvolvimento de atividades extrativistas, como da juta e da borracha, além da agropecuária. E o trabalho de Rivas, Mota & Machado (2009) identifica, a partir de métodos econométricos, a causalidade entre a existência de um parque industrial incentivado e a preservação ambiental na região.

O trabalho dos autores identifica que o desmatamento apresenta concentrações maiores nos municípios do sul do Estado do Amazonas, justamente aqueles fronteiriços com a expansão agropecuária na Região. Rivero *et al* (2009) demonstram que a pecuária é o principal componente do desmatamento na maior parte da Amazônia.

É empiricamente comprovado, portanto, que a existência da Zona Franca de Manaus é responsável por parcela significativa da preservação ambiental no estado do Amazonas. São dados extremamente relevantes, pois o mundo possui grande preocupação tanto com a Floresta Amazônica quanto com a sustentabilidade dos modelos de desenvolvimento econômico.

Como mencionado brevemente acima, porém, o modelo da Zona Franca de Manaus está longe de ser unânime, em especial no contexto do seu custo fiscal. Como aponta o trabalho de Miranda (2013), a Zona Franca de Manaus ainda carece da capacidade de ser um grande centro de produção tecnológica e inovação. Pelo contrário, em vez de se buscar o desenvolvimento de novos produtos ou materiais, com investimentos maciços em pesquisa, o parque industrial importa peças e insumos quase prontos, apenas para a montagem final.

Apesar da importância para o desenvolvimento regional, Miranda (2013, p. 31) identifica ainda o "abandono" da Zona Franca de Manaus, pois não se buscou a integração logística proposta inicialmente. A região beneficiada ainda carece de investimentos na infraestrutura, para que se possa escoar os produtos de forma mais econômica e com maior celeridade. Como identificou Sant'Anna (1998), praticamente não há meios de escoamento dos produtos da Zona Franca de Manaus, senão pela bacia hidrográfica. E a estrutura portuária ainda precisa de grandes investimentos para ser satisfatória, sob esse aspecto.

Miranda (2013) observa que a Zona Franca de Manaus deveria expandir os seus objetivos iniciais, consistentes na criação de empregos e barateamento na aquisição de produtos, para se buscar a inserção no comércio exterior e aquisição de tecnologia. Dever-se-ia buscar maior associação com empresas internacionais, para que se ganhe em acesso à tecnologia.

Miranda (2013, p. 18-20) aponta para as distorções criadas no próprio estado do Amazonas. Enquanto Manaus se demonstra uma capital próspera, com índices que a tornam uma referência a nível nacional, o estado do Amazonas ainda concentra muitos municípios em situação de pobreza ou precariedade. Demonstra-se, portanto, que a Zona Franca de Manaus não foi suficiente para promover o desenvolvimento a nível regional, pois o interior é ainda mais carente de mão de obra qualificada e de infraestrutura.

Por derradeiro, merece destaque o conjunto do trabalho de Miranda (2013) por demonstrar como o gasto tributário com a Zona Franca de Manaus ainda é bastante elevado ao país, com uma perda de receita que é compartilhada não apenas pela União, mas também por outros estados e municípios. Esses entraves tornam ainda mais importantes os benefícios tributários, que servem à compensação da desigualdade das condições concorrenciais em relação a outras localidades e os produtores nelas instalados.

As próprias críticas vêm a corroborar a importância do crédito presumido da Contribuição ao PIS/Pasep e da COFINS. Enquanto há uma maior demanda por investimento em logística e de possibilidades de diversificação, é dever do sistema federativo brasileiro a proteção da Zona Franca de Manaus, que demanda a existência de vantagens comparativas

4.3 A MANUTENÇÃO DOS CRÉDITOS DAS CONTRIBUIÇÕES SOCIAIS E A VALIDADE DA LEI 10.996/2004

Como foi demonstrado, a limitação à tomada de crédito instituída pelo artigo 8º, § 14 da Lei 10.865/2004em relação a produtos tributados à alíquota zero diminui a vantagem competitiva das empresas sediadas na Zona Franca de Manaus. E esse fato por si só deveria conduzir à mudança da norma. A questão, porém, deve ser analisada sob a ótica da natureza dos incentivos fiscais concedidos para a zona econômica especial e os seus agentes.

Uma vez estabelecidos os critérios já detalhados da Regra-Matriz de Incidência Tributária, tem-se parâmetro para análise da norma tributária e seu alcance. A Lei 10.996/2004 foi responsável por estabelecer, no art. 2º, que as operações destinadas à Zona Franca de Manaus serão "tributadas à alíquota zero para a Contribuição ao PIS/Pasep e a COFINS".

Consignou-se que essas vendas são aquelas que abrangem a destinação a pessoas jurídicas, que consomem a mercadoria em processo industrial ou na consecução de suas atividades, bem como aquelas que adquirem os bens para comercialização. E o § 2º dispôs que nessas operações serão aplicadas as disposições do art. 3º, § 2º, II, das Leis 10.637/2002 e 10.833/2003 (BRASIL, 2004).

Desde as alterações legislativas do fim de 2004, o que se tem é uma limitação dos benefícios fiscais que são característicos da Zona Franca de Manaus. Desta maneira, o que deveria ser uma venda desonerada, dentro de uma cadeia produtiva, com a aquisição de insumos e saída subsequente de bens, transforma o benefício da remessa para a Zona Franca de Manaus em simples diferimento dos tributos.

Quando a empresa adquirente receber os produtos, não irá se beneficiar com a tomada de crédito da Contribuição ao PIS e da COFINS que seriam incidentes sobre a remessa. E, ao realizar a venda, terá apenas o seu débito, sem o abatimento da etapa anterior. Por outro, caso a sua concorrente realize a aquisição de insumo de outro ponto do território nacional, poderá aproveitar os créditos da Contribuição ao PIS e da COFINS apurados na etapa anterior (que dá origem à entrada em seu estabelecimento). E esse crédito será abatido do cômputo de seu débito, quando da saída para o próximo integrante da cadeia produtiva.

Embora a mercadoria possa ser vendida por um custo menor para a empresa sediada na Zona Franca de Manaus, pois não haverá a incidência da Contribuição ao PIS e da COFINS nessa operação, o efeito benéfico cessa na saída subsequente. Justamente porque a empresa arcará com o débito sem nenhum abatimento de crédito, anulando a sua vantagem fiscal. Toma-se a liberdade de reproduzir a disposição legislativa que reduziu a 0 (zero) as alíquotas da Contribuição ao PIS/Pasep e da COFINS nas operações com a Zona Franca de Manaus:

> Art. 5º-A. Ficam reduzidas a 0 (zero) as alíquotas da contribuição para o PIS/PASEP e da COFINS incidentes sobre as receitas decorrentes da comercialização de matérias-primas, produtos intermediários e materiais de embalagem, produzidos na Zona Franca de Manaus para emprego em processo de industrialização por estabelecimentos industriais ali instalados e consoante projetos aprovados pelo Conselho de Administração da Superintendência da Zona Franca de Manaus – SUFRAMA. (BRASIL, 2002)

É evidente o prejuízo à competitividade das empresas sediadas na Zona Franca de Manaus. E há afronta à previsão de que as empresas localizadas nesta zona econômica especial terão vantagens comparativas. O ponto mais importante, porém, é que a legislação infraconstitucional atribui natureza distinta aos incentivos tributários da Zona Franca de Manaus.

As operações destinadas à Zona Franca de Manaus, quando são equiparadas a exportações, adquirem a condição de alcançadas pela imunidade tributária das contribuições sociais sobre receitas. Dessarte já se põe em perspectiva a necessidade de mitigar a validade da Lei 10.996/2004, que atribui espécie de exoneração tributária distinta às operações realizadas com a Zona Franca de Manaus.

Por esse motivo, propõe-se a adoção da solução *sui generis* exposta na segunda seção do Capítulo 4. Para que não sejam mitigadas as vantagens comparativas da Zona

Franca de Manaus, a imunidade tributária deve ser tratada como isenção para a construção de uma Regra-Matriz Especial de Incidência Tributária. E é a partir dos seus critérios que se consolida a possibilidade de tomada do crédito.

O tratamento mais adequado a essa operação equiparada a uma exportação e, portanto, imune às contribuições sociais sobre receita é o de equiparação à isenção. Por vezes, com certo desprendimento do rigor científico que é característico da academia, o Poder Judiciário trata as vendas para a Zona Franca de Manaus alcançada pela espécie exoneração tributária de isenção.

Esse rigor científico, porém, não pode ser abandonado na elaboração da pesquisa acadêmica. Daí decorre a proposição de solução *sui generis*, com adoção de uma Regra-Matriz Especial de Incidência Tributária para a tomada do crédito presumido pelas empresas da Zona Franca de Manaus. Do ponto de vista mais prático, essa solução também já fora adotada Pelo Poder Judiciário. Colaciona-se a ementa do Recurso Especial nº 1.259.343/AM (BRASIL, 2020):

> TRIBUTÁRIO. PROCESSUAL CIVIL. RECURSO ESPECIAL. CÓDIGO DE PROCESSO CIVIL DE 1973. APLICABILIDADE. PIS E COFINS. CREDITAMENTO. BENS E SERVIÇOS PROVENIENTES DE EMPRESA LOCALIZADA FORA DA ZONA FRANCA DE MANAUS. POSSIBILIDADE. I - Consoante o decidido pelo Plenário desta Corte na sessão realizada em 09.03.2016, o regime recursal será determinado pela data da publicação do provimento jurisdicional impugnado. Aplica-se, no caso, o Código de Processo Civil de 1973. II - A venda de mercadorias a empresas situadas na Zona Franca de Manaus equivale à exportação de produto brasileiro para o estrangeiro, para efeitos fiscais, sendo, portanto, tal operação isenta da contribuição ao PIS e à COFINS. Precedentes. III - A Lei n. 10.996/2004, ao estabelecer que a receita decorrente de venda de mercadorias/insumos para a Zona Franca de Manaus passaria a ser sujeita à "alíquota zero", não tem o condão de elidir tal entendimento. IV - A teor do disposto nos arts. 3º, § 2º, II, das Leis n. 10.637/2002 e 10.833/2003, a isenção da contribuição ao PIS e à COFINS sobre a receita decorrente da aquisição de bens e serviços não impede

> o aproveitamento dos créditos, salvo quando revendidos ou utilizados como insumo em produtos ou serviços sujeitos à alíquota 0 (zero), isentos ou não alcançados pela contribuição, o que não é o caso dos autos. V - Recurso especial provido.

A Lei 10.996/2004, portanto, não pode vir a subverter todo o arcabouço de proteção constitucional conferido para a Zona Franca de Manaus. Os tribunais superiores, o Supremo Tribunal Federal e o Superior Tribunal de Justiça, como demonstrado no curso da pesquisa, são uníssonos ao tratar a remessa para a área incentivada como equiparada à exportação.

Foi da vontade do Constituinte Originário conferir alicerce ao arcabouço tributário da Zona Franca de Manaus, referendando o Decreto-lei nº 288/67 por meio do art. 40 do ADCT. Daí a importância de se rememorar as lições do Ministro Marco Aurélio, na oportunidade do julgamento da ADI nº 2.348. De modo claro: todo e qualquer impacto, a partir da edição de norma infraconstitucional, nas vantagens fiscais da Zona Franca de Manaus deve ser analisado sob a ótica dos objetivos fundamentais constitucionais.

E o art. 2º da Lei 10.996/2004 deve ser analisado sob essa ótica, à medida em que suas consequências reduziram sensivelmente os benefícios fiscais das empresas localizadas na Zona Franca de Manaus. Dizer que determinado dispositivo é constitucional, conforme rememora-se a lição de Bastos (2000), não é conferir apenas proteção formal. Deve ser protegido o conteúdo material, a essência da norma constitucional, os valores e objetivos fundamentais por ela expressos.

A interpretação equivocada permitiria, segundo explica Bastos (2000), suprimir incentivos ou vantagens comparativas. Porém a Constituição conferiu proteção material à Zona Franca de Manaus, o que garante, inclusive, que os benefícios serão dinâmicos, preservando a sua competitividade. São as palavras de Gandra Martins em outro importante texto sobre o tema:

> (...) Sempre que o texto supremo referir-se a uma lei complementar, lei ordinária ou mesmo ato administrativo para perpetuá-los no tempo, sua modificação só poderá ocorrer, a partir deste momento, por emenda constitucional. Algumas vezes, a Constituição de 1988 referiu-se a disposições legislativas inferiores, tornando-as constitucionais. A partir do fenômeno da 'constitucionalização' da legislação infraconstitucional, não pode tal legislação ser modificada senão por legislação superior, visto que a sua permanência passa a estar vinculada à da própria Constituição.
>
> Ora, o que a Suprema Corte consagrou no retro-referido acórdão foi exatamente o princípio de constitucionalização de norma inferior e de sua alterabilidade, apenas por norma de igual relevância, em face da elevação, no princípio da hierarquia legal, da norma anteriormente produzida por processo menos qualificado. E, no caso, nem por emenda constitucional por ter gerado direitos constitucionais e petrificados até 2013, por força do artigo 5º, inciso XXXVI, da lei suprema.
>
> O fenômeno não surge com a Constituição de 88, mas decorre de uma das facetas do princípio da recepção, pelo qual a dignidade legislativa do novo dispositivo recepciona a norma inferior do direito pretérito no patamar de hierarquia outorgado pelo novo sistema constitucional. (GANDRA MARTINS, 2001, p. 16-17)

Portanto, conclui-se que os benefícios fiscais concedidos à Zona Franca de Manaus devem ser interpretados à luz da Constituição da República Federativa do Brasil de 1988, campo em que se insere – e cujo *status* possui – o arcabouço tributário instituído pelo Decreto-lei 288/67. Desta forma, não podem ser considerados válidos os dispositivos da Lei 10.966/2004, que pretendem modificar a espécie de exoneração tributária das operações destinadas à Zona Franca de Manaus.

CONCLUSÃO

Ao fim da dissertação, é correto afirmar que é devido o aproveitamento do crédito presumido na apuração da Contribuição ao PIS/Pasep e da COFINS das empresas localizadas na Zona Franca de Manaus, em relação aos insumos cujas receitas de venda para a área incentivada não foram alcançadas pelas referidas contribuições sociais. Esse aproveitamento deriva do tratamento *sui generis* que deve ser conferido às operações destinadas à Zona Franca de Manaus, que são equiparadas a exportações.

Por serem equiparadas a exportações, conclui-se que o enquadramento correto na espécie de exoneração tributária é a hipótese de imunidade. Dessarte, são inadequadas as legislações tributárias pertinentes à Contribuição ao PIS/Pasep e à COFINS que tratam as remessas para a Zona Franca de Manaus como tributáveis à alíquota zero.

Inoportunos são os dispositivos das referidas legislações que limitam a tomada de crédito das empresas localizadas na Zona Franca de Manaus em relação aos insumos que teriam sido tributadas à alíquota zero. Do contrário, o que se tem é o benefício convertido em mero diferimento, sem que haja vantagem comparativa efetiva para as empresas instaladas na área incentivada.

As vantagens comparativas para a Zona Franca de Manaus integram conteúdo da Constituição da República Federativa do Brasil de 1988. E materializam seus valores e objetivos fundamentais relacionados ao desenvolvimento socioeconômico equânime, erradicação da pobreza, incremento da força de trabalho, preservação ambiental e fortalecimento do sistema federativo.

Desta forma, a legislação infraconstitucional não pode dispor de modo a reduzir ou eliminar os incentivos fiscais da Zona Franca, como fizeram na temática de aproveitamento do crédito para Contribuição ao PIS/Pasep e COFINS. Daí a importância da Regra-Matriz Especial de Incidência Tributária do crédito presumido de aquisições feitas por empresas localizadas na Zona Franca de Manaus.

A solução jurídica é viabilizada com o tratamento *sui generis* da imunidade tributária, que recebe o tratamento de isenção. Assim, há a possibilidade de aproveitamento do crédito, de modo que as receitas decorrentes das saídas subsequentes dos produtos industrializados sejam tributadas a título de Contribuição ao PIS/Pasep e COFINS com os descontos do crédito presumido.

REFERÊNCIAS

ALBUQUERQUE, Marcos Cintra Cavalcanti. *A verdade sobre o Imposto Único*. São Paulo: LCTE, 2003.

ALEXY, Robert. Posfácio (2002). In: ALEXY, Robert. *Teoria dos Direitos fundamentais*. São Paulo: Editora Malheiros, 2008.

AMARO, Luciano. *Direito tributário brasileiro*. 14ª ed. São Paulo: Saraiva, 2008.

AMAZONAS. Constituição (1989). Constituição Política do Estado do Amazonas. Manaus, AM, out 1989. Disponível em: http://www.ale.am.gov.br/wp-content/uploads/2013/08/Constituicao-do-Estado-do-Amazonas-atualizada-2013.pdf

__________; Lei Complementar nº 19, de 29 de dezembro de 1997. INSTITUI o Código Tributário do Estado do Amazonas e dá outras providências. Manaus, AM, dez 1997. Disponível em: http://online.sefaz.am.gov.br/silt/Normas/Legisla%C3%A7%C3%A3o%20Estadual/Lei%20Complementar%20Estadual/Ano%201997/Arquivo/LCE%20019%2097.htm

__________. Lei nº 2.826, de 29 de setembro de 2003. REGULAMENTA a Política Estadual de Incentivos Fiscais e Extrafiscais nos termos da Constituição do Estado e dá outras providências. Manaus, AM, out 1889. Disponível em: http://online.sefaz.am.gov.br/silt/Normas/Legisla%C3%A7%C3%A3o%20Estadual/Lei%20Estadual/Ano%202003/Arquivo/LE_2826_03.htm

ARAÚJO, Jackson Borges de. *ICMS*. Ficção do fato gerador na substituição tributária. São Paulo: Juarez de Oliveira, 2001.

ARAÚJO, José Júlio César do Nascimento; PAULA, Elder Andrade de. Novas formas de desenvolvimento do Amazonas: uma leitura das ações do Programa Zona Franca Verde. *Revista Brasileira de Gestão e Desenvolvimento Regional,* v.5, n. 3. Taubaté: 2009, p. 140-154. Disponível em: https://www.rbgdr.net/revista/index.php/rbgdr/article/view/253/169

ÁVILA, Humberto. Tratamento diferenciado para produtos oriundos da Zona Franca de Manaus. Restrições ao crédito por ausência de convênio interestadual. Alíquotas e créditos diferenciados para mercadorias produzidas no Estado de São Paulo. Exame de constitucionalidade das restrições. *Revista Dialética de Direito Tributário*, n. 144. São Paulo: Dialética, setembro/2007, p. 64-81.

BARACHO, José Alfredo de Oliveira. *O princípio da subsidiariedade:* conceito e evolução. Rio de Janeiro: Forense, 1996.

BASTOS, Celso Ribeiro. *Curso de direito constitucional.* São Paulo: Editora Saraiva, 1980.

BASTOS, Celso Ribeiro. “Zonas Francas” como propostas de viabilidade econômica de áreas subdesenvolvidas: o caso brasileiro. In BASTOS, Celso Ribeiro; TAVARES, André Ramos. *As tendências de direito público no limiar de um novo milênio*. São Paulo: Saraiva, 2000.

BASTOS, Celso Ribeiro. Parecer à MP 1.602. *Revista Dialética de Direito Tributário*, nº 56, p. 111, maio/2000.

BASTOS, Elísio Augusto Velloso. A função tributária: por uma efetiva função social do tributo. *Revista do Senado*, Brasília, ano 43, n 169, p. 143-161, jan./mar. 2006.

BARROS, Sérgio Resende de. *Direitos humanos, paradoxos da civilização.* Belo Horizonte: Del Rey, 2003.

BECKER, Alfredo Augusto. *A norma de isenção tributária*. São Paulo: Resenha Tributária, 1975.

BENCHIMOL, Saul. *Zona Franca de Manaus:* polo de desenvolvimento industrial. Manaus: Universidade do Amazonas, 1997.

BERGEL, Jean-Louis. *Teoria geral do direito*. São Paulo: Editora Martins Fontes., 2006.

BEVILÁCQUA, Lucas. Desoneração da tributação indireta na cadeia produtiva exportadora. Tese (Doutorado) - Programa de Pós-Graduação da Faculdade de Direito da Universidade de São Paulo. São Paulo, 2017.

BONFIM, Gilson Pacheco. *Incentivos tributários:* conceituação, limites e controle. Rio de Janeiro: Lumen Juris, 2015.

BORGES, José Souto Maior. *Isenções tributárias*. São Paulo: Sugestões Literárias, 1969.

BORGES, José Souto Maior. *Subvenção financeira, isenção e deduções tributárias*. Recife: Anuário do Mestrado em Direito, 1976.

BORGES, José Souto Maior. Sobre a imunidade tributária como garantia constitucional e como mecanismo de políticas fiscais: questões pontuais. *Revista Tributária e de Finanças Públicas*, São Paulo, nº 70, 2006.

BORGES, José Souto Maior. *Teoria geral da isenção tributária*. 3ª ed. São Paulo: Malheiros, 2007.

BRASIL. Constituição (1946). Constituição dos Estados Unidos do Brasil, de 18 de setembro de 1946. Rio de Janeiro, RJ, set 1946. Disponível em: http://www.planalto.gov.br/ccivil_03/constituicao/constituicao46.htm

______. Lei nº 3.173, de 06 de junho de 1957. Cria uma zona franca na cidade de Manaus, capital do Estado do Amazonas, e dá outras providências. Rio de Janeiro, RJ, jun.

1957. Disponível em: https://www2.camara.leg.br/legin/fed/lei/1950-1959/lei-3173-6-junho-1957-354667-norma-pl.html

______. Lei nº 5.172, de 25 de outubro de 1966. Dispõe sobre o Sistema Tributário Nacional e institui normas gerais de direito tributário aplicáveis à União, Estados e Municípios. Brasília, DF, out 1966. Disponível em: http://www.planalto.gov.br/ccivil_03/leis/l5172.htm

______. Decreto-Lei nº 288, de 28 de fevereiro de 1967. Altera as disposições da Lei número 3.173 de 06 de junho de 1957 e regula a Zona Franca de Manaus. Brasília, DF, fev 1967. Disponível em: https://www2.camara.leg.br/legin/fed/declei/1960-1969/decreto-lei-288-28-fevereiro-1967-376805-norma-pe.html

______. Ato das Disposições Constitucionais Transitórias. Brasília, DF, out 1988. Disponível em: http://www.planalto.gov.br/ccivil_03/constituicao/constituicao.htm

______. Constituição (1988). Constituição da República Federativa do Brasil de 1988. Brasília, DF, out 1988. Disponível em: <http://www.planalto.gov.br/ccivil_03/constituicao/constituicao.htm>,

______; Convênio ICM 65/88. Isenta do ICM as remessas de produtos industrializados de origem nacional para comercialização ou industrialização na Zona Franca de Manaus, nas condições que especifica. Brasília, DF, dez 1988. Disponível em: https://www.confaz.fazenda.gov.br/legislacao/convenios/1988/CV065_88

______. Lei nº 8.032, de 12 de abril de 1990. Dispõe sobre a isenção ou redução de impostos de importação, e dá outras providências. Brasília, DF, abr. 1990. Disponível em: http://www.planalto.gov.br/ccivil_03/LEIS/L8032.htm

______. Lei nº 10.637, de 30 de dezembro de 2002. Dispõe sobre a não cumulatividade na cobrança da contribuição para os Programas de Integração Social (PIS) e de Formação do

Patrimônio do Servidor Público (Pasep), nos casos que especifica; sobre o pagamento e o parcelamento de débitos tributários federais, a compensação de créditos fiscais, a declaração de inaptidão de inscrição de pessoas jurídicas, a legislação aduaneira, e dá outras providências. Brasília, DF, dez 2002. Disponível em: https://www.planalto.gov.br/ccivil_03/leis/2002/l10637.htm. Acesso em: 19 dez. 2022.

______. Lei nº 10.833, de 29 de dezembro de 2003. Altera a Legislação Tributária Federal e dá outras providências. Brasília, DF, dez 2003 Disponível em: https://www.planalto.gov.br/ccivil_03/leis/2003/l10.833.htm. Acesso em: 19 dez. 2022.

______. Lei nº 10.865, de 30 de abril de 2004. Dispõe sobre a Contribuição para os Programas de Integração Social e de Formação do Patrimônio do Servidor Público e a Contribuição para o Financiamento da Seguridade Social incidentes sobre a importação de bens e serviços e dá outras providências. Brasília, DF, abr 2004. Disponível em: https://www.camara.leg.br/proposicoesWeb/prop_mostrarintegra;jsessionid=C38698D57BA90AD959539436FA20E38F.proposicoesWeb1?codteor=349418&filename=LegislacaoCitada+-PL+6067/2005

______. Lei nº 10.996, de 15 de dezembro de 2004. Altera a legislação tributária federal e as Leis nº 10.637, de 30 de dezembro de 2002, e 10.833, de 29 de dezembro de 2003. Brasília, DF, dez 2004. Disponível em: https://www.planalto.gov.br/ccivil_03/_ato2004-2006/2004/lei/l10996.htm. Acesso em: 19 dez. 2022.

______. Lei nº 11.196, de 21 de novembro de 2005.Institui o Regime Especial de Tributação para a Plataforma de Exportação de Serviços de Tecnologia da Informação - REPES, o Regime Especial de Aquisição de Bens de Capital para Empresas Exportadoras - RECAP e o Programa de Inclusão Digital; dispõe sobre incentivos fiscais para a inovação tecnológica; altera o Decreto-Lei nº 288, de 28 de fevereiro de 1967, o Decreto nº 70.235, de 6 de março de 1972, o Decreto-Lei nº 2.287, de 23 de julho de 1986, as Leis nºs 4.502, de 30 de novembro de 1964, 8.212, de 24 de julho de 1991, 8.245, de 18 de outubro de 1991, 8.387, de 30 de dezembro de 1991, 8.666, de 21 de junho de 1993, 8.981, de 20 de janeiro de 1995, 8.987, de 13 de fevereiro de 1995, 8.989, de 24 de fevereiro de 1995, 9.249, de 26 de dezembro de 1995, 9.250, de 26 de dezembro de 1995, 9.311, de 24 de outubro de 1996, 9.317, de 5 de dezembro de 1996, 9.430, de 27 de dezembro de 1996, 9.718, de 27 de novembro de 1998, 10.336, de 19 de dezembro de 2001, 10.438, de 26 de abril de 2002, 10.485, de 3 de julho de 2002, 10.637, de 30 de dezembro de 2002, 10.755, de 3 de novembro de 2003, 10.833, de 29 de dezembro de 2003, 10.865, de 30 de abril de 2004, 10.925, de 23 de julho de 2004, 10.931, de 2 de agosto de 2004, 11.033, de 21 de dezembro de 2004, 11.051, de 29 de dezembro de 2004, 11.053, de 29 de dezembro de 2004, 11.101, de 9 de fevereiro de 2005, 11.128, de 28 de junho de 2005, e a Medida Provisória nº 2.199-14, de 24 de agosto de 2001; revoga a Lei nº 8.661, de 2 de junho de 1993, e dispositivos das Leis nºs 8.668, de 25 de junho de 1993, 8.981, de 20 de janeiro de 1995, 10.637, de 30 de dezembro de 2002, 10.755, de 3 de novembro de 2003, 10.865, de 30 de abril de 2004, 10.931, de 2 de agosto de 2004, e da Medida Provisória nº 2.158-35, de 24 de agosto de 2001; e dá outras providências. Brasília, DF, nov 2005. Disponível em: http://www.planalto.gov.br/ccivil_03/_ato2004-2006/2005/lei/l11196.htm

______. Emenda Constitucional nº 83, de 05 de agosto de 2014. Acrescenta o art. 92-A ao Ato das Disposições Constitucionais Transitórias – ADCT. Brasília, DF, ago. 2014. Disponível em: http://www.planalto.gov.br/ccivil_03/constituicao/Emendas/Emc/emc83.htm

______. Índice de Desenvolvimento da Educação Básica. Relatório do ano de 2021. Brasília: Instituto Nacional de Estudos e Pesquisas Educacionais Anísio Teixeira – INEP,

2022. Disponível em: https://www.gov.br/inep/pt-br/areas-de-atuacao/pesquisas-estatisticas-e-indicadores/ideb/resultados. Acesso em: 19 dez. 2022.

BRITTO, Lucas Galvão de. A regra matriz de incidência tributária e as definições produzidas pelas agências reguladoras. O princípio da legalidade tributária e o uso de definições técnicas expedidas pelas agências reguladoras na construção da regra-matriz de incidência tributária. Tese (Doutorado em Direito Tributário) – Pontifícia Universidade Católica de São Paulo – PUC-SP, São Paulo, 2016. Disponível em: https://tede2.pucsp.br/bitstream/handle/19879/2/Lucas%20Galv%C3%A3o%20de%20Britto.pdf. Acesso em: 12 nov. 2022.

CANOTILHO, José Joaquim Gomes. *Direito constitucional e teoria da Constituição.* Coimbra: Almeida, 1998.

CANOTILHO, José Joaquim Gomes. *"Brancosos" e Interconstitucionalidade:* itinerários dos discursos sobre a historiedade constitucional. Coimbra: Almedina, 2006.

CARRAZZA, Roque. *Curso de direito constitucional tributário.* 12ª ed. São Paulo: Revista dos Tribunais, 1999.

CARVALHO, Osvaldo Santos de. *Não cumulatividade do ICMS e o princípio da neutralidade tributária.* São Paulo: Saraiva, 2013.

CARVALHO, Paulo de Barros. *Teoria da norma tributária.* São Paulo: Lael, 1994

CARVALHO, Paulo de Barros. *Curso de direito tributário.*13ª ed. São Paulo; Saraiva, 2000.

CARVALHO, Paulo de Barros. *Direito tributário, linguagem e método.* 5ª ed. São Paulo: Editora Noeses, 2013.

CARVALHO, Paulo de Barros. *Curso de direito tributário.*31ª ed. rev. e atual. São Paulo: Editora Noeses, 2021.

CASSONE, Vittorio. *Direito tributário:* fundamentos constitucionais da tributação, definição de tributos e suas espécies, conceito e classificação dos impostos, doutrina, prática e jurisprudência. 17. ed. São Paulo: Atlas, 2006.

CATÃO, Marcos André Vinhas. *Regime jurídico dos incentivos fiscais*. Rio de Janeiro: Renovar, 2004.

CHIESA, Clélio. Competência para tributar as operações com programas de computador (*softwares*). *Revista Tributária e de Finanças Públicas*, v. 36, p. 41-50, jan/2001. Disponível em: https://edisciplinas.usp.br/pluginfile.php/184578/mod_folder/content/0/Clelio%20Chiesa.pdf?forcedownload=1. Acesso em: 05 dez. 2022.

COELHO, José Washington. *Código Tributário Nacional Interpretado*. Rio de Janeiro: Correio da Manhã, 1968.

COELHO, Sacha Calmon Navarro. *Comentários à Constituição de 1988*. 8ª ed. Rio de Janeiro: Editora Forense, 1999.

COELHO, Sacha Calmon Navarro. *Teoria geral do tributo, da interpretação e da exoneração tributária.*4ª ed. Belo Horizonte: Editora Fórum, 2018.

CORRÊA, Walter Barbosa. *Incidência, não incidência e isenção.* São Paulo: Resenha Tributária, 1975.

CRETELLA JÚNIOR, José. *Direito administrativo.* São Paulo: *Revista dos Tribunais*, 1962.

CRUZ, Vera Carla Nelson de Oliveira. Redução dos incentivos fiscais da Zona Franca de Manaus: inconstitucionalidade. Cadernos de Direito Tributário e Finanças Públicas, n. 23. São Paulo: *Revista dos Tribunais*, 1995.

DINAMARCO, Candido Rangel. *A instrumentalidade do processo.* São Paulo: Malheiros, 2001.

DUE, John. *Indirect Taxation in Developing Economics.* Londres: John Hopkins, 1970.

FARIA, Luizardo. O princípio da indisponibilidade do interesse público e a consensualidade no direito administrativo. Dissertação (Mestrado) - Universidade Federal do Paraná. Setor de Ciências Jurídicas, Programa de Pós-Graduação em Direito. Curitiba, 2019. Disponível em: https://acervodigital.ufpr.br/bitstream/handle/1884/62542/R%20-%20D%20-%20LUZARDO%20FARIA.pdf?sequence=1&isAllowed=y. Acesso em: 05 dez. 2022.

FAVOREU, Louis; LLORENTE, Francisco Rubio. *El bloque de la constitucionalidad.* Sevilla: Editora Civitas, 1991.

FERRAGUT, Maria Rita. *Presunções no direito tributário.* 2ª ed. São Paulo: Quartier Latin, 2005.

FERRAZ JÚNIOR, Tercio Sampaio. Zona Franca de Manaus. In: SCHOUERI, Luís Eduardo (coord.). *Direito tributário:* homenagem a Alcides Jorge Costa, v. II. São Paulo: Quartier Latin, 2003, p. 1.095-1.106.

FONSECA, Ozório. *Pensando a Amazônia.* Manaus: Valer, 2011.

FRANCO, Marcos Vinicius Lima. Imunidade tributária: um instituto jurídico constitucional. *Ciência jurídica:* ad litteras et verba, Belo Horizonte, v. 110, p. 39-48, mar./abr. 2003.

FUNDAÇÃO GETULIO VARGAS. Zona Franca de Manaus. Impactos, efetividade e oportunidades. Márcio Holland (coord.). São Paulo: Escola de Economia de São Paulo – Fundação Getúlio Vargas, 2019. Disponível em: https://eesp.fgv.br/sites/eesp.fgv.br/files/estudos_fgv_zonafranca_manaus_abril_2019v2.pdf

GARCIA, Etelvina. *Zona Franca de Manaus: história, conquista e desafios.* Manaus, Suframa, 2004.

GONÇALVES, Rogério da Cruz. *Efeitos Econômicos da Zona Franca de Manaus.* Economic and Politics Working Paper 97. Brasília: Universidade Católica de Brasília – UCB, 2019.

GUIMARÃES, Vasco Branco. A Tributação do Consumo no Brasil – uma Visão Europeia. SARAIVA FILHO, Oswaldo Othon; VASQUES, Sérgio; GUIMARÃES, Vasco Branco (org.). *IVA para o Brasil – Contributos para a Reforma da Tributação sobre Consumo*. São Paulo: Fórum, 2007, p. 51.

GRAU, Eros Roberto. *Cidadania e política ambiental*. Rio de Janeiro: Record, 1998.

GRECO, Marco Aurélio. ICMS – Operações com destino à Zona Franca de Manaus – Interpretação do art. 40 do ADCT – Caráter conservativo e caráter dinâmico. Cadernos de direito tributário e finanças públicas, n. 3. São Paulo: *Revista dos Tribunais*, abril-junho, 1993, p. 103-118.

GRECO, Marco Aurélio. Reedição de medidas provisórias e abuso do poder de legislar – incentivos à informática e ZFM. *Revista Dialética de Direito Tributário*, n. 65. São Paulo: Dialética, março/2001, p. 130-156.

GRECO, Marco Aurélio. Não cumulatividade do PIS/PASEP e da COFINS. In: PAULSEN, Leandro. *Não cumulatividade do PIS/PASEP e da COFINS*. São Paulo: IOB Thomson, 2003.

GRECO, Marco Aurélio. Não cumulatividade no PIS e na COFINS. *Revista Fórum de Direito Tributário – RFDT*, Belo Horizonte, v. 2, n. 12, p. 29-52, nov/dez, 2004.

GROFF, Leandro Morais. Isenção, alíquota zero e o princípio da não cumulatividade. *Revista Tributária e de Finanças Públicas*, São Paulo, v. 15, nº 76, p. 161-174, set/out, 2007.

KAUFMANN, Cristine Schiavi. Espécies Exonerativas Tributárias. *Revista da Procuradoria Geral do Estado*, Porto Alegre, v. 37, nº 78, p. 111-149, 2016.

LOUREIRO, Célio Peixoto de Azevedo. Isenção fiscal. In: SANTOS, J. M. de Carvalho. *Repertório Enciclopédico do Direito Brasileiro*. Rio de Janeiro: Borsoi, 1947.

MANAUS. Lei Orgânica do Município de Manaus. Manaus, AM, abr. 2020. Disponível em: <http://www.dhnet.org.br/direitos/municipais/a_pdf/lei_organica_am_manaus.pdf>

MACHADO, Giovani Silva; MELO, João Henrique; MELLO, Leonardo Carvalho de *et al.* Análise dos gastos tributários do governo federal considerando seus aspectos fiscais, de equidade e de eficiência econômica (relatório final). In: SANTOS, Bruno Carazza; FREITAS, Paulo Springer de; VARGA, Viviane Aparecida da Silva (coord.). *Contribuições Acadêmicas para a Política de Subsídios da União.* Brasília: ESAF, 2018, p. 19- 140.

MACHADO, Hugo de Brito. *Aspectos fundamentais do ICMS.* São Paulo: Dialética, 1999.

MACHADO, Hugo de Brito. *Os princípios jurídicos da tributação na Constituição de 1988.*4ª ed. São Paulo: Dialética, 2001.

MACHADO, Hugo de Brito. *Curso de direito tributário.* 20ª ed. São Paulo: Malheiros, 2002.

MACHADO, Hugo de Brito. *Curso de direito tributário.* 24ª ed. São Paulo: Malheiros, 2006.

MARTINS, Ives Gandra da Silva. BASTOS, Celso Ribeiro. *Comentários à Constituição do Brasil.* São Paulo: Saraiva, 1990.

MARTINS, Ives Gandra da Silva. Medidas provisórias – desvio de finalidade e abuso do poder de legislar. Zona Franca de Manaus – impossibilidade de redução de benefícios pela concessão por MP de isenção setorial. *Revista Dialética de Direito Tributário*, n. 56. São Paulo: Dialética, maio/2000, p. 103-115.

MARTINS, Ives Gandra da Silva. Inteligência do artigo 40 do ADCT – Impossibilidade de criação de restrições aos incentivos constitucionalizados em 1988 – Opinião Legal. São Paulo: Gandra Martins Advocacia, 2001.

Disponível em:http://www.gandramartins.adv.br/project/ivesgandra/public/uploads/imagens_gandra/doc/parecer/publi/0452-00.doc. Disponível em: 05 dez. 2022.

MARTINS. Ives Gandra da Silva. *Uma teoria do tributo.* São Paulo: Quartier Latin, 2005.

MARTINS, Ives Gandra da Silva. O Decreto-Lei 288/67 e o artigo 40 do ADCT da Constituição Federal. São Paulo: Gandra Martins Advocacia, 2013. Disponível em: https://www.gandramartins.adv.br/project/ives-gandra/public/uploads/2013/02/06/29e0064artigo_103.pdf. Acesso em: 05 dez. 2022.

MARTINS, Ives Gandra da Silva. Imunidades Tributárias. São Paulo: Gandra Martins Advocacia, 2014. Disponível em: http://www.gandramartins.adv.br/project/ives-gandra/public/uploads/2014/09/03/ff6bd03revista_do_ciee_alma_mater_agosto2014.pdf. Acesso em: 05 dez. 2022.

MEDAUAR, Odete. *Direito administrativo moderno.* São Paulo: Revista dos Tribunais, 1999.

MELLO, Celso Antônio Bandeira. Aplicação da lei no tempo em direito administrativo. *Revista de Direito Administrativo*, p. 134-145, 1978. Disponível em: https://bibliotecadigital.fgv.br/ojs/index.php/rda/article/view/42825. Acesso em: 05 dez. 2022.

MERCIER, Jean-Yves; PLAGNET, Bernard. *Les Impôts em France.* 28ª ed. Levallois: Francis Lefebvre, 1997.

MIRANDA, Jorge. *Teoria do Estado e da Constituição.* Rio de Janeiro: Forense, 2005.

MIRANDA, Pontes de. *Comentários à Constituição de 1946.*2ª ed. São Paulo: Max Limonad, 1953.

MIRANDA, Ricardo Nunes. Zona Franca de Manaus: desafios e vulnerabilidades. Brasília: Senado Federal, 2013. Disponível em: https://www2.senado.leg.br/bdsf/bitstream/

handle/id/488852/TD126-Ricardo_Nunes_de_Miranda.pdf?sequence=1&isAllowed=y

MORAES, Bernardo Ribeiro de. *Doutrina e prática do imposto de indústrias e profissões*. São Paulo: Max Limonad, 1964.

MOREIRA, André Mendes. *A não-cumulatividade dos tributos*. 3ª ed. Revista e atualizada. São Paulo: Editora Noeses, 2018.

MORETTI, Natalia Pasquini. Uma concepção contemporânea do princípio da indisponibilidade do interesse público. In: MARRARA, Thiago (Org.). *Princípios de direito administrativo: legalidade, segurança jurídica, impessoalidade, publicidade, motivação, eficiência, moralidade, razoabilidade, interesse público*. São Paulo: Atlas, 2012.

NEVES, Marcelo. *Teoria da inconstitucionalidade das leis*. São Paulo: Editora Saraiva: 1988.

NEVES, Marcelo. *A constituição simbólica*. São Paulo: Acadêmica, 1994.

OLIVEIRA, Regis Fernandes de.; HORVATH, Estevão. *Manual de direito financeiro*. São Paulo: Revista dos Tribunais, 2000.

PAIVA, Leila. *Disciplina Jurídica da Extrafiscalidade*. Dissertação (Mestrado em Direito Econômico e Financeiro) – Faculdade de Direito da Universidade de São Paulo, São Paulo, 1994.

RAMOS FILHO, Carlos Alberto de Moraes. *Zona Franca de Manaus*. Proteção Constitucional e Incentivos Fiscais. Manaus: Instituto Memória, 2019.

RAWLS, John. *Uma teoria da justiça*. São Paulo: Martins Fontes, 2002.

REZENDE, Fernando. *Finanças públicas*. São Paulo: Saraiva, 1978.

RIVAS, Alexandre; MOTA, José Aroudo; MACHADO, José Alberto da Costa. *Instrumentos econômicos para a proteção da Amazônia*: a experiência do Polo Industrial de Manaus. Curitiba: Editora CRV, 2009.

RIVERO, Sérgio; ALMEIDA, Oriana; ÁVILA. Saulo; OLIVEIRA, Wesley. Pecuária e desmatamento: uma análise das principais causas diretas do desmatamento na Amazônia. *Revista Nova Economia*, n. 19. Belo Horizonte: jan/abr 2009, p. 41-66.

SANT'ANNA, José Alex. Rede Básica de Transportes da Amazônia. Texto para discussão n. 562. Brasília: Instituto de Pesquisa Econômica Aplicada, 1998.

SCAFF, Fernando Facury. Cidadania e Imunidade Tributária. In: MARTINS, Ives Gandra da Silva. *Imunidades tributárias*. São Paulo: Revista dos Tribunais, 1998.

SEHN, Solon. PIS/COFINS – Não cumulatividade e regimes de incidência. São Paulo: Quartier Latin, 2011.

SEIXAS FILHO, Aurélio Pitanga. *Teoria e prática das isenções tributárias.*2ª ed. Rio de Janeiro: Forense, 1990.

TEUBNER, Gunther. *O direito como sistema autopoiético*. Lisboa: Calouste, 1993.

TOMÉ, Fabiana Del Padre. A extrafiscalidade tributária como instrumento para concretizar políticas públicas. In: SANTI, Eurico Marcos Diniz de (coord). *Tributação e desenvolvimento: homenagem ao prof. Aires Barreto*. Coleção: Tributação e Desenvolvimento. São Paulo: Quartier Latin, 2011

TORRES, Heleno Taveira. Teoria da norma de imunidade tributária e sua aplicação às instituições de educação. *Revista de Direito do Estado*, Rio de Janeiro, Instituto de Direito do Estado e Ações Sociais, nº 3, p. 207-249, jul/set. 2006.

TOSI, Jorge Luis. *Las zonas francas y los mercados internacionales*. Buenos Aires: La Ley, 2000.

VARGAS, Ângelo Miguel de Souza. O Bloco de Constitucionalidade: reconhecimento e consequências no Sistema Constitucional Brasileiro. Dissertação (Mestrado em Direito) – Pontifícia Universidade Católica de São Paulo – PUC-SP. São Paulo, 209p, 2007. Disponível em: https://sapientia.pucsp.br/bitstream/handle/7774/1/angelo.pdf. Acesso em: 02 fev. 2023.

VILANOVA, Lourival. *As estruturas lógicas e o sistema do direito positivo.* São Paulo: Noeses, 2005.

WATANABE, Kazuo. Tutela antecipatória e tutela específica das obrigações de fazer e de não fazer - arts. 273 e 461, CPC. *Revista de Direito do Consumidor*, julho/setembro – 1996.